KB018840

포르투갈

PORTUGAL

포르투갈

PORTUGAL

샌디 핀토 바스토 지음 | **이정아** 옮김

세계의 **풍습과 문화**가
궁금한 이들을 위한
필수 안내서

시그마북스
Sigma Books

세계 문화 여행 _ 포르투갈

발행일 2024년 5월 1일 개정판 1쇄 발행
지은이 샌디 핀토 바스토
옮긴이 이정아
발행인 강학경
발행처 시그마북스
마케팅 정제용
에디터 김은실, 최연정, 최윤정, 양수진
디자인 김은경, 김문배, 강경희

등록번호 제10-965호
주소 서울특별시 영등포구 양평로 22길 21 선유도코오롱디지털타워 A402호
전자우편 sigmabooks@spress.co.kr
홈페이지 http://www.sigmabooks.co.kr
전화 (02) 2062-5288~9
팩시밀리 (02) 323-4197
ISBN 979-11-6862-227-2 (04900)
978-89-8445-911-3 (세트)

CULTURE SMART! PORTUGAL

Copyright © 2023 Kuperard Publishing an imprint of Bravo Ltd.
First published in Great Britain by Kuperard, an imprint of Bravo Ltd.
Korean language edition published by SigmaBooks Copyright © 2024

Cover image: Yellow vintage tram in Lisbon. © Shutterstock by Olga Gavrilova.
Shutterstock: 14 by DaLiu; 16 by DreamArchitect; 17 by Travellaggio; 20 by Magik Blaze; 21 by PIXEL to the PEOPLE; 23 by alexilena; 26-27, 32 by LuisPinaPhotography; 28 by F8 studio; 30, 60 by StockPhotosArt; 34 by mariaku; 52 by trabantos; 66 by Tatiana Popova; 82 by Wirestock Creators; 85 by BONDART PHOTOGRAPHY; 86 by AnaMarques; 88, 92, 100 by De Visu; 90 by Olga Moreira; 96 by amnat30; 104 by EmmanPerez; 106 by mariliadesousa; 112 by Steve Photography; 122 by Sergey Peterman; 126 by Magnus Bjermo; 130 by Lucia Romero; 134 by Zarya Maxim Alexandrovich; 137 by Anton_Ivanov; 139 by Cherkasov; 142 by dabyki.nadya; 145 by hlphoto; 149 by Sergii Koval; 150 by Tatiana Bralnina; 152 (L) AAlves; 152 (R) by DronG; 157 by Radiokafka; 159 by Salvador Aznar; 163 by Dmytro Larin; 168 (T) Wilkopix; 168 (B) eskystudio; 172 by Stephane Legrand; 176-177 by Zhukova Valentyna; 190 by Linas Krisiukenas; 196 by tomasgehrhardt; 212 by nito; 222 by oliverdelahaye; 225 by kizaru43; 226 by JeanLucIchard
Creative Commons Attribution 4.0 International: 50 by author unknown, source: Centro de Documentação 25 de Abril
Unsplash: 118 by redcharlie; 100 by Hugo Sousa
Public Domain: 41

이 책의 한국어판 저작권은 Kuperard Publishing an imprint of Bravo Ltd.와 독점 계약한 **시그마북스**가 소유합니다.
저작권법에 의하여 한국 내에서 보호를 받는 저작물이므로 무단전재와 무단복제를 금합니다.

파본은 구매하신 서점에서 교환해드립니다.

* **시그마북스**는 ㈜**시그마프레스**의 단행본 브랜드입니다.

포르투갈 전도

- 미뉴강
- 비아나 두 카스텔루
- 페네디게레스
- 몬테지뉴
- 브라가
- 빌라 헤알
- 브라간사
- **포르투**
- 포르투
- 도루강
- **오바르**
- 비제우
- 구아르다
- 아베이루
- **코임브라**
- 코임브라
- 세라디이스트렐라
- 레이리아
- 카스텔루 브랑쿠
- **파티마**
- 타구스강
- **토레스 베드라스**
- 리스보아
- 산타렝
- 포르탈레그르
- 신트라
- **리스본**
- 에보라
- 세투발
- 과디아나강
- 베자
- 파루
- **롤레**
- 파루

- 폰타 델가다
- 아조레스
- 대서양
- **푼샬**
- 마데이라

- 스페인

차   례

06 여가생활

07 여행, 건강, 그리고 안전

08 비즈니스 현황

09 의사소통

전설에 따르면, 기원전 1세기에 카이사르 군단의 장군이 포르투갈 땅을 밟았을 때 온화한 기후와 아름다운 해안선을 보고 축복받은 사랑스러운 나라를 발견했지만 이곳에 사는 사람들은 통제가 안 되고 다스릴 수 없는 종족이라고 말했다고 한다. 포르투갈 사람들은 지금도 충동적이고, 자신들의 방식을 고집하며, 변화에 저항하지만 여전히 매력적이고, 낭만적이며, 향수에 젖어 들고, 가족과 친구를 향한 신의가 두텁다. 이들의 국민적 자부심은 쉽게 끓어오르고 기회가 있을 때마다 역사와 유산을 기리는 행사들이 성대하게 펼쳐진다. 포르투갈은 결국 바스쿠 다 가마와 항해왕 엔히크의 나라다. 포르투갈의 탐험가들은 처음으로 희망봉을 일주했고, 동양으로 가는 항로를 발견했으며, 남아메리카와 아프리카 그리고 아시아의 나라들을 식민지로 삼았다. 이 책은 한때 막강한 권력과 영향력을 누렸고, 경제난과 정치적 혼란의 시대를 견뎌낸 뒤, 다시 번영을 누리고 주변국과 전 세계 나라들에게 존경받기 위해 고군분투하고 있는 나라를 속속들이 보여준다.

포르투갈은 대비와 모순의 나라다. 부유함과 소박함이 공존하는 나라다. 오래되다 못해 노후 건물처럼 보이는 곳에 멋들어진 집이 들어서 있다. 초목이 무성한 언덕과 들쭉날쭉한 풍광이 어우러져 있다. 사람들 자체도 다채롭고 다양하며 다면적이다. 시간을 두고 이들을 알아가다 보면 열심히 일하고 기쁨을 주는 사람들이라는 것을 발견하게 될 것이다. 이 책은 이처럼 매혹적인 나라의 속살을 보여주고 그 속에 섞여 최대한 즐겁게 지낼 수 있는 방법을 가르쳐준다. 이 책을 통해 포르투갈 사람들이 중요하게 생각하고 소중히 여기는 것들을 간파하고 우연히 들른 방문객은 놓치기 쉬운, 잘 도와주는 성품을 지닌 데다 수완까지 뛰어난 이 나라 사람들과 친구가 되는 법을 배우게 될 것이다.

포르투갈 사람들은 일할 때나 가정에서나 자조적이고 운명론을 믿으며 개인주의 성향이 강하지만 그 방식이 위협적이지 않을뿐더러 재밌기까지 하다 보니 당혹스러우면서도 넋을 잃고 빠져들게 한다. 이들의 야단스러운 태도 이면에는 느긋하고 온화한 성품이 숨어 있다. 포르투갈 사람들은 여행자에게 큰 관심을 갖고 신기한 듯 환대해주며 이른바 '세계 강국'에서 온 사람들을 자신들보다 엔기 더 똑똑하고 믿을 만하다고 생각한다. 그러니 발걸음을 늦추고 경계심을 푼 뒤 풍성한 먹거리와 활기 넘치는 축제와 오랜 전통을 즐기라. 그리고 시간을 내어 포르투갈 사람들이 손님을 얼마나 특별하게 대접하는지 직접 경험해보자.

공식 명칭	포르투갈 공화국	유럽연합과 나토 회원국
수도	리스보아(리스본)	
주요 도시	포르투, 코임브라, 파루	
면적	9만 2,090km²(남한의 약 0.9배)	
위치	유럽 서쪽 끝에 자리하고 있으며 북쪽과 동쪽으로는 스페인과 국경을 맞대고 있고 남쪽과 서쪽으로는 대서양이 펼쳐져 있다	
기후	온난(지중해성)	여름철은 7월부터 9월 중순까지다.
인구	1010만 명	
민족 구성	포르투갈인(95%)	
언어	포르투갈어	바한케뉴어는 바한쿠스라는 남쪽 지방에서만 쓰는 방언이며 미란데스어는 남서부의 스페인 접경 지역에서만 쓰는 방언이다.
종교	로마가톨릭교(81%)	그 외 그리스도교 3.3%; 유대교와 이슬람교 및 기타 종교 0.6%; 무교 6.8%; 불특정 8.3%
정부	대통령이 국가원수이고 총리가 정부의 수장인 민주공화국	대통령 선거는 5년마다, 의회 선거는 4년마다 실시된다.
경제	국영 기업들의 대대적인 민영화와 함께 서비스업이 바탕을 이루는 혼합 경제	OECD 회원국인 포르투갈은 고소득 국가로 간주된다.

수출	주요 수출 품목은 자동차 및 부품, 전기기기, 광물연료, 플라스틱, 그리고 종이다.	최대 수출 대상국은 스페인, 프랑스, 독일, 미국, 그리고 영국이다.
수입	주요 수출 품목은 원유, 자동차, 기계, 플라스틱, 그리고 철이다.	중요 공급 국가는 스페인, 독일, 프랑스, 이탈리아, 그리고 네덜란드다.
매체	전국 단위 공영 TV 방송에는 RTP1과 RTP2가 있으며 주요 민영방송으로는 SIC와 TVI가 있다. 그 외에도 여러 민영 스포츠 채널과 뉴스 채널이 있다.	주요 일간지는 리스본의 <디아리우 드 노티시아스(Diário de Notícias)>, 포르투의 <조르날 드 노티시아스(Jornal de Notícias)>, <푸블리쿠(Público)>가 있다. 대표 주간지는 <이스프레수(Expresso)>와 <세마나리우(Semanário)>다.
영어 매체	<포르투갈 뉴스(Portugal News)>와 <포르투갈 레지던트(Portugal Resident)>	
전압	220V, 50Hz	핀 2개짜리 플러그를 쓴다. 변압기는 미국 제품을 써야 한다.
인터넷 도메인	.pt	
전화	포르투갈 국가번호는 351이다.	포르투갈 이외의 지역에서 전화를 걸 때는 국가번호 앞에 00을 눌러야 한다.
시간대	그리니치 표준시. 우리나라보다 8시간 느리다.	

01

영토와 국민

포르투갈과 관련된 거의 모든 것들이 그렇듯 기후 역시도 북부, 중부, 남부로 나뉠 수 있다. 북부 지역은 비가 많이 오고 기온이 낮아 짧은 싱그러움을 지닌다. 반면에 따듯한 햇살이 비치는 남부 지역은 지중해의 영향을 받아 겨울이 짧고 건조하며 여름이 되면 굉장히 덥다. 당연히 중부 지역의 기후는 그 중간쯤이다. 그러나 내륙의 산악 지역은 겨울이면 매서운 추위와 눈이 몰려오고 여름에는 타는 듯한 맹렬한 더위가 덮치는 등 그야말로 다양한 기후를 경험할 수 있다.

지리적 위치

포르투갈의 영토는 이베리아반도의 서쪽 맨 끝에 자리한 본토와 대서양의 아조레스 제도 및 마데이라 제도로 나뉜다. 포르투갈 본토는 북쪽과 동쪽으로 스페인과 국경을 맞대고 있는 반면 서쪽과 남쪽 끝은 곧장 대서양으로 이어진다.

포르투갈의 본토는 남북의 길이가 561km, 동서가 218km에 달하는 작은 사각형 모양으로 짧은 시간에 손쉽게 여행할 수 있다. 국경 지역은 4개의 주요 강인 북쪽의 미뉴강과 도루강, 남쪽의 타구스강(테주강)과 과디아나강으로 어느 정도는 구분되는 편이다. 그 밖의 지역들은 산맥으로 구분된다.

본토는 행정 구역에 따라 18개 주로 나뉘며 각각의 주에는 해당 주의 이름과 같은 주도州都가 있다. 이들 18개 주는 북쪽에서 남쪽으로 비아나 두 카스텔루, 브라가, 빌라 헤알, 브라간사, 포르투, 아베이루, 비제우, 구아르다, 코임브라, 레이리아, 카스텔루 브랑쿠, 산타렝, 포르탈레그르, 리스본, 세투발, 에보라, 베자, 그리고 파루 순으로 분포되어 있다.

마데이라 제도는 리스본에서 남서쪽으로 910km 지점에 자리한 곳으로 마데이라 섬과 포르투 산투의 섬들로 이구어져

리스본의 유서 깊은 동네로 성당과 박물관을 비롯해 각종 가게 및 카페와 전통 가옥들로 빼곡한 알파마 지구는 여행객들에게 천국 같은 탐험지다.

있으며 푼샬 자치구를 형성하고 있다. 아조레스 제도는 리스본에서 서쪽으로 1,238km 떨어진 곳으로 오르타, 앙그라 두 에루이스무, 폰타 델가다 행정 자치구로 구성돼 있고 총 9개의 섬으로 이루어져 있다.

　　수도 리스본은 포르투갈 국토의 거의 중간인 타구스강 어귀에 위치한다. 리스본의 역사는 2000년이 넘는데 오늘날까지

도루 강변에 자리한 포르투의 중세풍 동네인 히베이라는
유네스코 세계유산이자 유럽에서 가장 오래된 도심지에 속한다.

도 그 자취가 뚜렷하다. 리스본은 현대적이고 세계적인 도시
다. 그럼에도 좁은 자갈길과 중세의 건축물이 자리한 오래된
동네에 가면 고택들이 고대의 성, 웅장한 교회와 나란히 서 있
어 지금도 예스럽고 고전적인 전통을 체험할 수 있다.

북쪽 해안을 따라서 도루강이 대서양과 만나는 곳에 이르
민 포르두가 나온다. 포르투길의 두 민째 노시인 이곳은 역농

적인 비즈니스와 문화생활을 자랑한다.

　리스본과 포르투는 각기 다른 특징 때문에 언뜻 보기에 경쟁 상태에 있을 것 같지만 실제로는 서로를 보완해주는 관계다. 리스본은 아주 고전적이고 전통적인 첫인상을 풍기는 도시인 반면 그곳에 사는 사람들은 좀 더 현대적이고 국제적이며 열린 사고를 지니고 있다. 이에 반해 포르투는 겉보기에 (건축, 예술, 인테리어, 패션 같은) 미학과 유행 감각적 측면에서 현대적이지만 속을 들여다보면 주민들은 굉장히 전통적이고 가정적이다.

기후와 날씨

포르투갈 본토는 상대적으로 면적이 작은 편인데도 기후는 지역별로 상당히 다르다. 해안가와 더 깊은 내륙지역뿐만 아니라 북부와 남부 지역의 기온 편차가 뚜렷하다. 그러나 전반적으로는 온화한 기후로, 겨울에는 일일 기온이 섭씨 8~18도를 오가며 여름에는 16~30도 사이를 오간다.

　포르투갈과 관련된 거의 모든 것들이 그렇듯 기후 역시도 북부, 중부, 남부로 나눌 수 있다. 북부 지역은 비가 많이 와서 높은 강수량을, 그리고 낮은 기온을 기록한다. 반면에 타구스 강이 위치한 남부 지역은 지중해의 영향을 받아 겨울이 짧고 건조하며 여름이 되면 굉장히 덥다. 당연히 중부 지역의 기후는 그 중간쯤이다. 그러나 내륙의 산악 지역은 겨울이면 매서운 추위와 눈이 몰려오고 여름에는 타는 듯한 맹렬한 더위가 덮치는 등 그야말로 다양한 기후를 경험할 수 있다.

마데이라 제도는 대체로 지중해성 기후에 따라 1년 내내 온화한 날씨를 뽐내며 아조레스 제도 역시 온화한 가운데 좀 더 상쾌한 해양성 기후에다 풍부한 강수량을 자랑한다.

지방

포르투갈 사람들이 문화적으로 조국을 북부, 중부, 남부로 구분하긴 하지만 지리적으로 포르투갈은 8개 지역으로 나뉜다. 그리고 이들 지역은 마데이라 제도, 아조레스 제도와 함께 행정 용도에 따라 저마다 '자치 지역'으로 간주된다.

【엔트르 도루 이 미뉴】

북서부에 위치한 엔트르 도루 이 미뉴는 미뉴강과 도루강의
이름을 딴 지역이다. 직역해서 '도루강과 미뉴강 사이'라는 뜻
인 이 지역에는 비아나 두 카스텔루, 브라가, 포르투, 그리고 북
쪽의 아베이루주가 포함된다. 간단히 '미뉴'로 통칭되는 연안
지역은 평지인 데 반해 내륙 쪽으로 들어갈수록 경사지와 산

엔트르 도루 이 미뉴 지역의 비아나두카스텔루 시가지를 내려다보고 있는 예수 성심 성당

악 지대가 펼쳐진다. 미뉴 지역의 문화에는 전통과 민속이 많이 남아 있는데, 지역 축제 때 그 절정의 모습을 볼 수 있다.

【 트라스 우스 몽테스 에 알투 도루 】

미뉴의 정동 쪽에는 트라스 우스 몽테스 에 알투 도루가 있다. 편의상 간단히 '트라스 우스 몽테스'로 줄여서 부르기도 하는

1756년부터 와인 생산지였던 곳답게 트라스 우스 몽테스 지역의 그림 같은 산등성이에 자리한 도루 협곡에는 계단식 포도밭이 겹겹이 펼쳐져 있다.

이 지역은 빌라 헤알, 브라간사, 그리고 비제우 북부와 구아르다 북부를 아우른다. 농업 지대인 이곳의 주요 작물은 아몬드와 함께 그 유명한 포트 와인과 도루 와인에 쓰이는 포도다. 이 지역은 예로부터 사투리가 발달해 현지인들의 말을 알아듣기 어려울 때가 많다.

[베이라 인테리오르]

트라스 우스 몽테스의 남쪽에는 구아르다 남부와 카스텔루 브랑쿠주로 이루어진 베이라 인테리오르 지역이 있다. 이 지방의 여름 날씨도 굉장히 덥게 느껴질 수 있지만 겨울이야말로 가장 추운 날씨를 기록하며 산악 지대에 쌓인 눈 때문에 종종 영하로 떨어지기도 한다.

이쪽 지방에는 보통 '북부'로 불리는 곳들이 모여 있다. 이 지역 주민들은 통상 일자리를 찾아 대도시로 나갈 수밖에 없지만 고향과 뿌리에 대한 애착이 크다. 북부 사람들은 대체로 다혈질에다 성미가 급하고 아주 직설적이다. 이들은 꾸밈없는 인간관계를 바탕으로 자신의 생각과 감정을 투박하다 못해 고약하게 표현하는 편이지만 뒤끝은 없다. 북부인의 지배적인 인생관은 용서와 망각이다. 그래서 일단 신의와 우정을 쌓으면 끝나는 법이 없다. 물론 상대도 똑같이 그렇게 해주기를 기대한다.

【 베이라 리토랄 】

베이라 인테리오르에서 해안 쪽으로 인접한 곳에는 아베이루와 비제우 남부, 코임브라, 레이리아의 일부 지역으로 구성된 베이라 리토랄이 있다. 산업 활동이 활발한 곳이긴 하지만 이

코임브라 주의 세레라 두 아크를 산백에 자리 잡고 있는 전통적인 셰일암 마을인 피오당

지역에서 무엇보다도 유명한 것은 아름다운 건축물이다. 코임브라대학교는 포르투갈에서 제일 먼저 생긴 종합대학이다. 1290년에 리스본에 설립됐다가 1537년에 현재의 자리로 이전한 코임브라대학교는 유럽에서 가장 오래된 대학으로 꼽힌다.

【 이스트레마두라 에 히바테주 】

베이라 지역들과 리스본 사이에 이스트레마두라 에 히바테주 지역이 있다. 이곳은 타구스강 덕분에 땅이 비옥해서 과실, 채소, 곡물, 토마토, 올리브, 포도 등의 작물이 풍부히 생산된다. 또한 집중적으로 말과 소를 사육하는 지역이라서 열렬한 참여율을 자랑하는 농산물 축제와 소싸움이 많이 열린다. 작지만 부유한 이 지역에는 알코바사, 바탈랴, 파티마, 마프라 같은 포르투갈의 세계문화유산 유적지가 가장 많이 집중돼 있다.

【 리스보아 에 세투발 】

리스보아 에 세투발은 리스본과 세투발로 이루어진 지역이다. 타구스강과 사두강이 지나는 곳이기도 하다. 이 지역은 포르투갈의 유명지로서 상쾌한 기후와 초목이 우거진 시골 풍경, 그리고 아름다운 해변 덕분에 관광객이 많이 찾는다.

'중심부'로 알려진 구역은 대략 세투발과 코임브라 사이에 있다. 이곳 사람들은 북부 지방 사람들에 비해 현대적이고 국제적인 태도를 지니고 있어 도도하고 접근하기 어렵다는 인상을 받기 쉽다. 교우관계 또한 덜 끈끈해 보일 수 있지만 이는 주로 속마음을 드러내지 않고 절제하는 성향 때문이다. 이들은 불만이 있을 수 있는 상황에서도 감정을 숨기거나 좀 더 능란하게 표현한다.

【 알렌테주 】

알렌테주 지역은 가장 큰 지방자치 권역으로 세투발 남부, 베자, 에보라, 그리고 포르탈레그르로 이루어져 있다. 이곳의 토지는 대체로 평평하고 건조하며, 비가 거의 내리지 않고 여름에는 찌는 듯한 더위 탓에 이 지역 주민들은 나른하고 느긋한 태도가 배어 있다. 알렌테주 주민들은 전형적인 시골 사람들로 사교적이지 않은 편이다. 이곳의 삶은 식탁을 중심으로 돌아가서 그런지 히바테주처럼 지역 축제가 큰 인기를 끈다. 농업이 주를 이루는 지역임에도 자연 그대로의 미를 한껏 뽐내는 해안 덕분에 관광객들이 점점 늘어나는 추세다. 알렌테주는 진정한 포르투갈을 경험하고자 하는 사람들에게 인기 있

는 관광지다.

【알가르브】

포르투갈의 최남단에 자리한 알가르브 지역은 행정 구역상 전체가 파루 주에 속한다. 이곳이야말로 포르투갈 하면 떠오르는 따뜻한 날씨와 그림같이 펼쳐진 완벽한 해안 덕분에 리스

14세기에 짓기 시작했다는 알렌테주의 몬사라즈 성과 성곽 마을이 구름에 뒤덮인 채 저 멀리 유럽에서 가장 큰 인공 호수를 내려다보고 있다.

본을 빼고는 가장 유명한 지역이 아닐까 싶다. 강이 거의 없고 지중해와 아주 가깝기 때문에 북쪽 지역들보다 건조하고 더우며 일 년 내내 햇살 가득한 파란 하늘과 아름다운 해변을 즐길 수 있다.

알렌테주와 알가르브로 이루어진 이른바 '남부'에는 한없이 미루고 느긋한 태도가 널리 퍼져 있다. 해안과 거리가 먼 구역

알가르브 지역은 대서양의 가파른 해안선과 회반죽을 바른 듯한 어촌 마을이 특징인 곳으로
모래로 뒤덮인 작은 만들이 곳곳에 숨어 있다.

에 사는 사람들은 가장 가까운 이웃집이나 시내와 수 km 떨어진 곳에서 살아서 그런지 사교성이 떨어지고 폐쇄적인 편이다. 이들은 외국인과 타지 사람들을 딱 그에 맞게 대하기 때문에 대체로 편안한 거리감을 유지한다. 그러나 바닷가 인근이나 관광지에 사는 주민들은 관광객이 생계에 큰 영향을 미친다는 점을 잘 알고 있다. 이는 코로나바이러스가 전 세계를 덮쳐 여행 제한 조치가 시행됐을 때 뼛속 깊이 실감한 사실이기도 하다. 관광업이 번성한 이 지역에 최근에는 별장을 구입하거나 은퇴 후 이주하려는 외국인들이 크게 늘었다. 이에 따라 이

곳을 찾는 이들과 소통하고 그들의 관심을 끌기 위해 다 같이 합심하여 애쓴 결과 대다수 주민들이 영어나 독일어를 조금씩 이라도 할 줄 아는 편이다.

간추린 역사

【 초창기 주민 】

이베리아반도는 대서양, 즉 (비스케이만의 남쪽 부근인) 칸타브리아 해와 지중해 사이에 자리하고 있어서 유럽과 아프리카 대륙을 쉽게 이어준다. 이 지역은 온화하고 상쾌한 기후에 더해 이런 지리적 위치 덕분에 예로부터 많은 사람들이 여행하고 정착하는 아주 매력적인 곳이 되었다.

발자취를 남긴 초창기 거주민들은 신석기 문화의 인류였다. 이들은 기원전 3000~4000년경에 광물을 찾아 이베리아반도로 이동했을 것으로 보인다. 아직도 알가르브와 스페인의 안달루시아 지방에서는 신석기 문화의 산물인 고인돌(석실분)의 유물을 찾아볼 수 있다. 상인과 항해사였던 페니키아인은 기원전 12세기경에 두착했고 뒤이어 이베리아인이 들어왔다. 이베

알렌테주에 있는 5,000년 된 신석기시대의 고인돌

리아반도의 어원격인 이베리아인은 철기 시대에 북아프리카에서 에브루 계곡으로 처음 이주했던 것으로 여겨진다. 그럼에도 역사에 기록된 내용에 따르면 이들은 페니키아인에 뒤이어 기원전 6세기경에 포르투갈에 정착했다.

기원전 7세기경에는 역시 상인이었던 그리스인이 도착했고 뒤이어 1세기 후에 켈트족이 중앙 유럽에서 들어왔다. 켈트족은 숙련된 철공이었다는 점에서 초창기 정착민에 비해 엄청난 이점을 갖고 있었다. 앞서 정착한 이들은 청동으로 바꿀 구리와 주석을 찾아서 들어온 반면 철은 장신구와 무기뿐만 아니라 농기구를 만드는 데에도 쓰일 수 있었다. 그 결과 작물이 자라면서 굶주림이 줄어들자 인구가 번성했다. 켈트족은 금세공에도 재능이 있었다. 따라서 포르투갈 사람들은 이들에게서 그 기술과 현재까지 생산되고 착용되는 미뉴 지역의 전통 금줄세공 디자인을 물려받았을 것이다.

페니키아인의 후손인 카르타고인은 기원전 3세기경에 이 땅에 정착해서 상업과 생선 염장을 주업으로 삼았다. 그러다가 같은 3세기에 일어난 포에니 전쟁 때 로마인들이 이들을 쫓아냈다. 이른바 켈트이베리아인 종족을 낳은 켈트족과 이베리아인 사이에서 번성한 이런 풍성하고 다양한 문화가 섞여 로마인들이 루시타니아인이라고 불렀던 민족이 탄생됐다. 이들은 타구스강과 도루강 사이에 펼쳐져 있던 땅인 루시타니아를 차지했다. '이베리아 국가들을 통틀어 가장 막강한 종족'으로 간주됐던 이들은 대담함과 용맹함으로 역사에 길이 남게 되었다. 오늘날까지도 포르투갈과 관계된 모든 것들을 설명할 때 루시타노라는 단어를 쓸 정도다.

【로마인】

기원전 219년에 이베리아 반도를 침공한 로마인은 도루강 북

벨몬트에 있는 서기 1세기 로마인들의
시골 별장 유적

쪽에서 켈트족을, 도루강과 타구스강 사이에서는 루시타니아인과 맞닥뜨리게 되었다. 이때 로마인에게 가장 격렬하게 저항함으로써 포르투갈 독립의 상징으로 이름을 드높이게 된 이들이 바로 비리아투^{Viriato}라는 이름의 겸손하면서도 용맹스러운 양치기가 이끌었던 루시타니아인이었다.

로마인은 7세기가량을 이 땅에서 살았다. 이 기간 동안 로마인은 올리스푸(리스본), 브라카라(브라가), 스칼라비스(산타렝) 같은 도시를 세웠고 도로, 다리, 기념물 등을 건설했는데 그중 일부는 현재까지 남아 있다. 학교가 설립되고 글을 읽고 쓰는 능력이 확산되면서 로마인의 지배를 받던 현지인들은 라틴어에서 현지어를 만들어냈고, 결국 이 언어가 포르투갈어가 되었다.

【 반달족과 서고트족 】

로마인이 여러 전선에서 야만인들의 침공에 맞서 싸우고 있던 서기 416년에 수에비족과 반달족이 이베리아 반도를 점령했다. 이들 민족은 번갈아 북서쪽으로 밀리다가 결국 서고트족에게 정복당했다. 게르만 왕국은 기존의 로마식 사회·행정·경제 구조를 채택하면서 3세기 동안 지속됐다. 이들은 또한 토지 소유 및 상속법을 도입했고, 이는 부와 출생에 기초한 계층 사회를 이끌었다. 이에 따라 사회는 근본적으로 성직자, 귀족, 평민으로 분할되었고 후에 중세 포르투갈 사회가 이와 같은 계층 구조를 본떴다.

반달족과 서고트족은 그리스도교의 이단인 아리우스주의를 신봉해 원주민이 믿는 가톨릭교를 박해했다. 이는 게르만 문화와 그리스도교를 믿는 스페인계 로마인들의 통합에 큰 걸림돌이었다. 그러다가 서기 589년이 되어서야 레카레드 왕과 서고트족은 아리우스주의에서 가톨릭으로 개종했다. 이후 신의 이름으로 임명된 스페인의 그리스도교도 왕들은 왕권을 구축하기 위해 교회와 긴밀히 협력했다.

리스보아 주에 위치한 신트라 산의 꼭대기에서 위용을 뽐내고 있는 8세기 건축물 무어인의 성

【 무어인 】

7세기에 아랍인은 정벌을 통해 이슬람이라는 새로운 종교를 퍼트리기 위해 아라비아반도 밖으로 뻗어나갔다. 서기 711년, 아랍인과 개종한 북아프리카 출신의 베르베르인을 가리키는 무어인이 좁은 해협을 건너 이베리아반도로 급속히 퍼져나갔다. 그리고 이 땅에서 그들은 5세기 넘게 살았다. 사람이 살기 힘든 북부에 남아 저항의 중심에 선 채 패배를 모르던 서고트족을 제외하고, 포르투갈과 스페인은 우마이야 왕조로 흡수되

었다.

9세기에 북동쪽의 그리스도교계 왕국들이 레콩키스타로 불리는 수세기 동안 이어진 반격에 나섰다. 이에 후後우마이야 왕조는 한동안 내분을 겪은 후에 결국 여러 독립 왕국들로 해체되었다. 진격하던 그리스도교 세력은 11세기 말과 12세기 초에 모로코의 알모라비드 왕조에게 저지당한 뒤 1150년대에 시아파 알모하드 왕조에게 또 다시 발목을 잡히고 말았다.

대체로 이슬람의 통치는 자애로웠다. 무어인은 이베리아 반도에 찬란한 다민족 문명을 탄생시켰다. 이러한 문명 아래서 활발하게 지식을 탐구하고 예배의 자유를 누림에 따라 문화와 지성이 교류하는 시대가 열렸다. 무어인이 피지배 민족을 대하는 방식은 해당 민족이 이슬람교를 대하는 태도에 따라 달랐다. 이슬람교로 개종하는 이들은 동등한 권리와 의무가 부여되는 공동체의 일원으로 받아들였다. 그리스도교를 계속해서 믿는 이들에게는 정해진 한도 내에서 토지를 소유하고 종교 의식을 치를 수 있게 하되 세금을 물렸다. 그러나 무기를 들고 저항하는 이들은 도륙하거나 노예로 팔아버렸다.

무어인의 영향을 가장 많이 받은 지역은 남부였다. 현재까지도 알가르브 지역을 대표하는 하얀색 칠을 한 집들과 눙근

굴뚝에 그 흔적이 분명하게 남아 있다. 무어인은 기존 로마인의 언어에 새로운 어휘를 덧붙여 경제와 기술을 부흥시켰다. 일례로 강바닥에서 관개수로로 물을 끌어올리는 장치를 알카트루스 휠^{Alcatruz wheel}이라고 부른다.

【 왕과 왕국 】

12세기에 그리스도교계의 레온 왕국이 확장되면서 포르투갈의 대다수 지역이 해방되었다. 알모라비드 왕조가 남부에서 다시 무슬림의 통치권을 회복하려는 동안 북부에서는 레온 왕국과 카스티야 왕국의 왕인 알폰소 6세가 외국 귀족들의 협력을 요청했다. 그의 친척이자 프랑스의 왕 로베르 2세의 자손들인 부르고뉴의 레몽과 앙리(부르고뉴의 하이문두와 엔히크)가 그를 도와주러 왔다. 알폰소는 감사의 표시로 레몽에게 갈리시아 백작령을 하사했을 뿐만 아니라 자신의 딸 우라카와 결혼까지 시켜줬다. 또한 앙리에게는 또 다른 딸 테레사와 부부의 연을 맺어주고 미뉴강과 타구스강 사이에 펼쳐진 포르투갈레^{Portucale}(포르투갈) 백작령을 하사했다.

엔히크(앙리)는 기마랑이스를 포르투갈레의 수도로 삼고 알폰소의 봉신 자격으로 통치하면서 무어인의 습격에 맞서 갈리시아 국경 지대를 굳건히 지켰다. 엔히크는 갈리시아 백작령을 독립 왕국으로 바꾸겠다는 굳은 열망을 품고 있었지만 꿈이 실현되는 것을 보지 못한 채 1112년에 숨을 거뒀다. 엔히크가 죽자 테레사는 겨우 세 살밖에 안 된 아들 아폰수 엔히크를 대신하여 섭정에 나섰다. 이후 아폰수 엔히크는 열세 살이 됐을 때 스스로를 왕으로 선포하고 레온 왕국에서 독립하겠다는 맹세를 했다. 1128년에 아폰수는 여전히 갈리시아 왕실에 충성을 다하던 어머니에게서 통치권을 빼앗고 상 마메드 전투에서 그녀를 격퇴한다. 9년 동안 레온 왕국의 알폰소 6세와 전투를 벌인 아폰수는 1139년에 오리크에서 무어인에 맞서 대승을 거둔 후 독립국 포르투갈의 첫 번째 왕, 아폰수 1세에 즉위했다. 마침내 1143년에 알폰소는 사모라 조약Treaty of Zamora을 통해 포르투갈을 독립국으로 인정했다.

아폰수 엔히크는 무어인 방어 전투를 성공적으로 이끌어 왕국의 영토를 남부까지 확장한 덕분에 '정복자'로 이름을 떨쳤다. 1139년에 오리크 전투를 마친 아폰수는 자신이 격퇴한 다섯 명의 무어인 왕을 상징하는 5개의 작은 파란색 방패가 그려진 깃발을 만들었다. 그리고 이들 각각의 파란색 방패에는 그리스도의 다섯 가시 상처를 상징하는 5개의 흰섬을 넣었다.

이 문장은 현대 포르투갈 국기의 중앙에 남아 있다. 1147년에 십자군 원정대의 도움을 받아 리스본을 함락한 아폰수는 이후 1171년과 1184년에 산타렝에서 무어인을 두 번이나 격퇴했다. 또한 1162년경에 기사수도회인 아비스 기사단을 창설했다.

아폰수의 후계자들이 남부에서 지속적으로 무어인 방어 전투를 펼친 끝에 1249년에 아폰수 3세가 무어인을 완전히 격퇴하면서 알가르브는 포르투갈로 합쳐졌다. 모로코의 마리니드 왕조가 몇 차례 침입을 시도했지만 1340년에 포르투갈의 아폰수 4세와 카스티야의 알폰소 6세에게 대패했다.

14세기가 끝나갈 무렵에 포르투갈은 흑사병으로 큰 타격을 입고 카스티야에 또 다시 독립을 빼앗길 위기에 처하면서 위태로운 상황에 놓였다. 영국과 프랑스가 벌인 백년전쟁은 이베리아반도의 그리스도교계 군주들 사이의 갈등을 더 한층 부채질했다. 1383년에 부르고뉴 가문의 마지막 왕이었던 페르난두 1세가 사망하면서 뒤따른 왕위 공백 기간에 카스티야의 후안이 자력으로 포르투갈의 왕위 계승권을 주장하며 리스본을 포위했다. 이에 섭정이자 아비스 기사단 단장이었던 페르난두의 이복동생 조앙이 스페인의 공격을 격퇴하고 조앙이라는 이름으로 왕위에 오르면서 아비스 왕조가 시작되었다. 잉글랜드 궁수들의 증원에 힘입어 조앙은 알주바로타 전투에서 카스티야인을 격퇴하고 국내에서는 개혁의 시대를, 국외로는 발견과 팽창의 시대를 열었다. 잉글랜드와 우호조약을 맺은 조앙

• 어느 사랑 이야기 •

동 페드루와 이네스 드 카스트루는 포르투갈에 실존했던 로미오와 줄리엣이었다. 스페인의 아름다운 귀부인이었던 이네스는 1340년에 카스티야의 콘스탄스가 포르투갈의 황태자이자 왕위 계승자인 동 페드루와 혼례를 치르기 위해 리스본으로 떠나는 여정에 시녀의 자격으로 동행했다. 동 페드루와 이네스는 사랑에 빠졌고 페드루의 아버지이자 왕이었던 아폰수 4세가 이네스를 왕실에서 내쫓았지만 이들의 연애는 계속됐다. 1345년에 콘스탄스가 사망하자 동 페드루는 이네스와 코임브라에 정착해 네 명의 자식을 낳았다. 아폰수는 변함없이 이들의 관계를 반대하다가 페드루가 없는 틈을 타 이네스를 살해했다. 슬픔과 분노로 완전히 이성을 잃은 동 페드루는 반란군을 이끌고 아버지에게 맞섰다. 결국 아폰수 4세가 죽고 1357년에 왕위에 오른 동 페드루는 연인을 암살한 자들을 처단하고 맨손으로 그들의 심장을 뜯어냈다.

이와 같이 비극적이고 낭만적인 사랑 이야기는 포르투갈 사람들 사이에서 큰 인기를 끌면서 포르투갈 고전문학의 단골 소재가 되었다.

• 알주바로타 제빵사 •

알주바로타의 제빵사였던 브리테스 드 알메이다는 1385년 8월 14일에 알주바로타 전투에서 포르투갈이 승리하는 데 기여한 덕분에 인기 있는 역사적 인물이 되었다. 브리테스는 자신의 오븐에 일곱 명의 카스티야인이 숨어 있는 것을 발견했다. 전설에 따르면 브리테스는 빵을 굽는 삽으로 이들을 모두 죽였다고 한다. 그 이후 알주바로타의 깃발에 이 삽이 자리하게 되었다.

은 1387년에 존 오브 곤트의 딸인 랭커스터의 필리파와 결혼하여 포르투갈과 대영제국 간 동맹의 서막을 열었다.

【 발견과 탐험의 시대 】

아프리카의 대서양 연안에 자리한 보자도르곶 너머를 탐험하여 1415년에 모로코의 항구도시 세우타를 점령하고 개종할 계획을 세운 이들은 바로 조앙과 필리파의 아들들인 두아르테, 페드루, 엔히크였다. '항해왕 엔히크'로 유명한 엔히크는 알가르브의 사그레스에 정착한 뒤 항해 학교를 세우고 지도 제작자, 지리학자, 수학자, 항해사, 조선술 전문가 등을 곁에 뒀다.

그리고 바로 이때부터 탐험대가 출항하면서 포르투갈은 아프리카, 아시아, 남아메리카 전역으로 퍼져나가는 거대한 상업 및 식민제국의 기틀을 쌓았다.

이렇게 하여 포르투갈 탐험대는 1419년에 마데이라, 1427년에는 아조레스, 1456년에는 베르데곶, 1471년에는 상 투메와 프린시페를 발견했다. '완벽한 군주' 조앙 2세는 아랍과 유대의 수학과 천문학 자료를 이용하는 등 알려진 항해 지식을 총동원하였다. 그의 이런 행보는 이른바 '1차 과학 혁명'에 해당하는 것으로 1세기 후에 유럽에 도래할 과학 발전의 기초를 세

15세기 탐험가 바스쿠 다가마가 인도로 항해를 떠나는 모습을
포르투갈 화가 호케 가메이루(1864~1935)가 그린 그림

운 셈이었다. 조앙 2세의 지도 아래 포르투갈 탐험대는 계속해서 아프리카의 대서양 연안 지역을 탐험했다. 1488년에 바르톨로뮤 디아스는 아프리카의 최남단에 위치한 '폭풍의 곶'을 일주했는데, 조앙은 이 곳의 이름을 '희망봉'으로 바꿨다. 1497년 7월에는 바스쿠 다 가마가 리스본에서 출항해 1년도 안 돼서 인도의 최대 상업항인 캘리컷에 닻을 내렸다. 인도로 가는 바닷길이 마침내 발견된 것이다. 1500년에는 페드루 알바레스 카브랄이 브라질에 도착했고, 1519~1521년에는 페르낭 드 마갈랑이스(페르디난드 마젤란)가 배를 타고 지구를 일주한 최초의 선원이 되었다.

【 독립을 빼앗겼다가 되찾음 】

1500년대 중반에 포르투갈은 쇠퇴기로 접어들었다. 1497년에 유대인을 추방하거나 강제로 개종시킨 결과 중산층이 없어지고 유능한 상인과 금융업자들이 사라졌다. 수많은 유대인이 네덜란드에 정착해서 포르투갈과 경쟁 관계에 있는 네덜란드 상업 제국의 성공에 크게 기여했다. 1536년에는 이단을 뿌리뽑기 위해 리스본에 종교재판소가 설립되었다.

　1521년에 조앙 3세의 즉위로 왕좌가 합스부르크 가문으로 넘어가면서 점차 예수회의 지배를 당하게 되었다. 세상 경험이 없는 젊은 왕 세바스치앙이 모로코의 무어인을 상대로 처참할 정도로 대책 없는 십자군 전쟁을 벌였다가 결국 1578년에 알카세르 키비르 전투에서 패하면서 전사하고 말았다.

이와 같은 형세의 변화로 공백이 생기자 알바 공작이 이끄는 스페인 군대가 포르투갈을 침공했고, 결국 1580년에 포르투갈은 펠리페 2세의 스페인에 병합되었다. 이때부터 포르투갈은 '60년간 포로 신세'로 지배당했는데, 이 기간 동안에 포르투갈의 금융, 상업, 농업 그리고 해군까지 결딴났고 해외 영토는 방치되었다. 1640년 12월 1일, 이와 같은 방치 행태에 넌더리가 나고 실망한 마흔 명의 포르투갈 귀족들이 총독 궁을 습격하면서 나라 전체가 똘똘 뭉쳐 요새를 점령하고 스페인 군대를 쫓아내기 위해 고군분투했다. 2주 후, 브라간사 가문의 조앙 4세가 왕으로 포고되었다.

독립 회복에 따른 주된 목적은 외국 군대의 접근을 막고, 포르투갈 경제를 재조직하며, 잃어버린 해외 영토를 일부라도 되찾고자 하는 것이었다. 네덜란드가 브라질에서 쫓겨나면서 포르투갈은 유럽 국가들 사이에서 입지를 되찾았다. 1668년에 마침내 스페인과 포르투갈 사이에 평화가 확립되었고, 1703년에는 영국과 메수엔 조약이 체결됨에 따라 포르투갈은 영국에 와인을 수출할 수 있고 영국의 직물을 포르투갈 시장에 들여올 수 있게 되었다. 또한 이 시기에 브라질에서 금과 다이아몬드가 발견되면서 포르투갈의 재원이 넘쳐났고, 이 재원은 도서관, 학교, 박물관뿐만 아니라 마프라의 수녀원과 리스본의 수도교 같은 여러 중요한 건축물을 세우는 데 자금줄이 되어 주었다.

【 리스본 지진 】

1755년 11월 1일 만성절에 대지진이 리스본을 뒤흔들었다. 도시 전체를 거의 초토화시킨 이 지진으로 약 2만 명이 목숨을 잃었고 시민들은 공포에 떨었다. 지진의 피해 규모는 말 그대로 유럽 전역에 충격파를 몰고 와서 많은 사상가들이 신의 섭리에 따른 지혜를 의심하고 또한 사회적으로 확실한 것들에 의문을 품기 시작했다. 또 어떤 이들은 리스본 지진을 신의 노여움이자 죄인들에 대한 끔찍한 경고로 보았다. 소심한 왕이었던 조제 마누엘에게는 명석하고 노련한 총리 세바스치앙 조제 드 카르발류가 있었다. 후에 폼발 후작에 오르는 카르발류는 사태 수습의 책임을 맡아서 리스본을 품격 있게 계획된 근대의 상업 및 산업 중심지로 재건했다. 그는 과학 기술 관료들로 정부를 구성하고, 종교재판소의 힘을 축소하고, 예수회파를 몰아내고, 보통교육을 도입하고, 리스본 주의 재정을 재조직하고 무역을 촉진했다.

【 오랜 쇠퇴 】

1807년에 나폴레옹 군대가 포르투갈을 침공하자 왕실은 브라질로 피신했다. 포르투갈 군대는 1807~1811년까지 프랑스와 전투를 벌인 끝에 잉글랜드의 도움으로 프랑스 군대를 물리쳤다. 잉글랜드·포르투갈 연합군을 이끌었던 인물은 (후에 웰링턴 공작이 되는) 아서 웰즐리 공이었다. 웰즐리는 지원에 대한 보답으로 포르투갈의 권위 있는 작위를 3개나 받았다.

그 후 수년이 흐른 뒤 포르투갈은 내부적으로 큰 혼란을 겪었다. 1820년에 자유주의 혁명이 일어나자 국왕은 어쩔 수 없이 브라질에서 돌아와 입헌정치를 받아들였다. 1822년에는 브라질이 독립을 선포하였다. 1826년에 포르투갈 헌법은 더욱 보수적인 문서로 교체되었다. 1828년에는 마리아 여왕의 삼촌이었던 돔 미겔이 그녀의 즉위를 막고 본인이 절대군주임을 선포했다. 자유주의파와 보수파 사이에 내란이 발발했다. 1834년,

마리아 여왕은 영국과 프랑스, 그리고 브라질의 도움으로 다시 권좌에 올랐고 입헌정치가 회복되었다. 그러나 콜레라와 황열병 같은 재발성 전염병이 덮쳐 1850년대 말까지 인구가 급격히 줄어들었다. 1840년대에 급진파와 자유주의파가 심각한 분쟁을 겪었다. 1851년에는 살다냐 공작이 쿠데타를 일으켜서 사회 질서와 경제 성장을 촉진하기 위한 '쇄신' 프로그램을 가동했다. 19세기 말의 포르투갈에는 심각한 재정난이 덮쳤고 사회당, 무정부당, 공화당이 부상했다.

1885년에 주요 제국주의 열강들이 조인한 베를린 조약에 따라 유럽 국가들이 아프리카를 나눠가진 가운데 포르투갈은 앙골라와 모잠비크 사이에 있는 영토를 차지했다. 그러나 1890년에 영국이 포르투갈에 최후통첩을 하며 포르투갈이 모잠비크 인근의 치로모에 위치한 시레 계곡에서 철군하지 않으면 포르투갈 식민지를 침공하겠다고 위협했다. 군사적으로 열세였던 포르투갈은 영국의 요구를 순순히 따를 수밖에 없었다. 1907년, 카를루스 왕은 헌법을 정지시키고 주앙 프랑코를 최고 실권자로 임명했다. 프랑코의 통치 방법에 대한 불만은 공화정을 수립하려는 첫 번째 시도로 이어졌다. 1908년, 카를루스와 그의 후계자 루이스 필리피는 리스본의 거리에서 암살

당했다. 카를루스의 둘째 아들이 마누엘 2세로 왕좌에 올랐지만 오래가지 못했다. 2년 후에 공화 혁명이 일어나 왕실 가족은 잉글랜드로 도피해야 했다.

【 제1공화국과 '이스타두 노부' 】

1910년 10월 5일, 사흘간의 반란이 끝난 후 포르투갈은 공화국으로 선포되었다. 1911년에 새로운 정권이 자유주의 헌법을 채택했다. 하지만 나라의 발전보다 권력욕에 눈먼 여러 정파들을 참여시킨 탓에 이후 수년 동안 포르투갈은 경제난과 부패, 그리고 극심한 정치 불안정에 시달렸다. 1916년, 영국의 압박에 못 이긴 포르투갈이 타구스강에 피신하려던 70여 척의 독일 상선을 나포하면서 포르투갈 국민은 제1차 세계대전에 참전하였고 독일에 맞서 식민지를 지키기 위해 아프리카에서 연합군 편에 서서 싸울 수밖에 없었다. 인플레이션, 식량 부족, 프랑스 전선에서 발생한 사상자 등 전쟁의 치명적인 여파는 끝내 쿠데타로 이어졌다. 1917년, 베르나르디누 시도니우 파이스는 쿠데타를 이끌어 20세기 최초의 공화당원 독재자가 되었다. 그러나 1년 후 파이스가 암살되면서 포르투갈은 혼돈으로 시달렸다. 결국 1926년에 질병적인 상황이 끝나지 않을 것이라고 판단한 고메스 다 코스타 장군이 군사 쿠데타를 일으켜 독재 정부를 수립했고, 이후 포르투갈에서는 48년 동안 독재 정치가 이어졌다. 1928년, 안토니우 드 올리베이라 살라자르가 재무장관이 되었다. 그의 개혁에 힘입어 경제는 안정을 찾았고 국가적 자신감도 되살아났으며 포르투갈의 국제적 입지도 다시 커졌다.

1933년, 살라자르가 총리로 지명되면서 이듬해에 군정은 막을 내렸다. 살라자르가 내건 권위주의적 협동조합 주의 체제인 이스타두 노부Estado Novo('신국가')는 국가 재건 시대를 열었으며, 해외에서 포르투갈의 통화 가치를 높였고, 해군을 재건했으며, 도로, 항만, 학교, 병원 등을 건설하고, 농업과 산업을 되살렸다. 그러나 무신론의 공산주의를 두려워한 살라자르는 국내는 물론 식민지에서도 민주주의로 바꿔야 한다는 요구를 거부하고 무소불위의 비밀경찰을 동원해 사회 질서를 유지했다.

살라자르 덕분에 포르투갈은 제2차 세계대전에 참전하지 않고 양 진영에 텅스텐 같은 원자재를 수출해 큰 이득을 취했다. 1949년에 포르투갈은 나토의 창설 회원국이 되었다. 그러나 1961년, 인도의 군대가 고아, 다망, 디우 시 등 인도에 남아 있던 포르투갈의 식민지를 점령했다. 같은 해에 앙골라, 모잠비크, 그리고 기니비사우에서 반란이 일어나 국력을 약화시키는 식민지 전쟁이 시작되어서 10년이 넘게 이어졌다.

【 스파이 이야기 】

제2차 세계대전 때 포르투갈이 중립국이었던 탓에 리스본에는 스파이가 들끓었다. 리스본에서 서쪽으로 출발해 해안을 따라 유럽의 서쪽 끝인 호카곶으로 가다보면 에스토릴을 지나게 된다. 해안선에 자리한 이 멋진 해변 도시는 종종 프랑스의 리비에라에 비견돼왔다. 당시 유럽에서 가장 큰 규모였던 에스토릴의 카지노는 스파이들이 만나서 정보를 교환하는 데 최적의 장소였다. 워낙 흔하고 뻔한 접선 장소라서 영화 〈러시아 하우스〉뿐만 아니라 존 르 카레와 그레이엄 그린 같은 수많은 작가들이 에스토릴을 스파이 이야기의 배경으로 삼았다.

【 평화 혁명 】

뇌출혈로 정상적인 생활이 어려워진 살라자르는 1968년에 해임되고 후임으로 마르셀루 카에타누가 임명됐다. 살라자르 내각에 몸담았던 카에타누는 전임 총리를 깊이 숭배했다. 카에타누가 사회와 경제를 성공적으로 개혁했음에도 그의 강제적

1974년 '카네이션 혁명' 때 탱크에 올라탄 리스본 시민들

전략들은 심한 반대에 부딪혔다. 자유주의 성향이 강한 그의 동료들과 반대파, 그리고 포르투갈 국민들까지 카에타누가 포르투갈을 충분히 민주화시키지 못했다고 생각했다. 겉으로 드러나지 않았을 뿐 불만이 들끓고 있었다. 1974년 4월 25일, 한 무리의 대위와 장군들이 독재정권에 맞서 반란을 일으켰다. 쿠데타로 시작된 봉기는 곧바로 혁명이 되었다. 정당이 급속히 퍼져나가고, 망명했던 이들이 귀국했으며, 정치범이 석방되고, 군인들은 총신에 붉은 카네이션을 달았다. 마침내 5월에 군사 정부는 15인으로 구성된 임시정부에 권력을 이양했다. 식민지 전쟁은 즉시 종결되었고 포르투갈은 (마카오를 제외하고) 남아 있는 모든 식민지에 독립을 인정해줬다. 그리고 이들 나라들은 브라질처럼 계속해서 포르투갈어를 공용어로 삼기로 했다.

그 후로 포르투갈은 19세기의 제국 쇠퇴와 정치 불안정의 유산이자 이전까지 다른 선진국에 뒤처지는 원인이었던 병폐를 극복하는 데 큰 진전을 이뤘다. 1986년에 포르투갈은 (지금의 유럽연합인) 유럽경제공동체에 가입하면서 경제 발전의 커다란 전기를 마련했다. 이때부터 세계 경제에 합류해 국제적으로 알려질 기회를 늘린 결과 공급과 수요는 물론, 투자와 수출에 더해 공공 지출까지 늘릴 수 있었다. 유럽 단일 통화를 추진한 11개 창립 회원국이었던 포르투갈은 1999년에 유로화를 채택함으로써 국가 부채, 인플레이션, 이자율을 낮춰 더욱 큰 성장을 이뤘다.

정치

오늘날 포르투갈은 다원민주주의 체제로 입법부, 행정부, 사법부가 완전히 분리되어 있다. 대통령은 국가 원수이자 군 최고사령관이다. 대통령은 포르투갈 공화국을 대표하고 국가 독립과 국가 통합을 책임지며 민주 제도를 적절하게 이행시켜야 한다. 대통령은 5년 임기로 선출되며 최대 두 번까지 연임일

리스본에 있는 포르투갈 국회의사당 성 베네딕트 궁전

수 있다. 의회는 모든 국민을 대표하는 단원제다. 18세 이상의 포르투갈 국민은 국내에 거주하든 해외에 살든 상관없이 모두 선거에 참여할 수 있다. 의회는 입법부 기능에 더해 헌법과 사법의 집행을 감독하고 정부와 행정을 감시한다. 의회는 지리적으로 확정된 선거구에서 4년의 임기로 선출된 230명의 의원들로 구성된다. 정부는 총리, 내각, 장·차관들로 이루어진다. 대통령은 총선의 결과를 바탕으로 총리를 임명하는데, 일반적으로 최다 의석을 차지한 정당의 대표가 총리가 된다.

경제

1970년대의 정치 불안정에 이어 나라 전체를 무력하게 만드는 경기 침체가 10년 넘게 이어졌음에도, 포르투갈은 20세기 후반에 유럽에서 가장 높은 경제 성장률을 기록한 나라에 속하게 되었다. 그러나 2008년에 전 세계에 금융 위기가 덮치면서 포르투갈 경제 또한 한없이 추락한 끝에 엄격한 긴축 조치들이 딸린 유럽의 구제 금융을 받아들이면서 번영의 시대는 막을 내렸다. 결국 이와 같은 개입이 성공을 거둬 2015년에 포르투갈 경제는 다시 살아나기 시작했다. 이후 2020년에 코로나 바이러스가 창궐하기 전까지 포르투갈은 여러 부문에서 기록적인 성장과 투자를 달성했다. 결국 2021년 말에 포르투갈 경제는 다시 긍정적인 궤도에 들어섰다. 전통적으로 농업 기반 국가였던 포르투갈은 오늘날 노동 인구의 약 5퍼센트 정도만이 농업에 종사하고 국내총생산에서 농업이 차지하는 비중은 2퍼센트밖에 되지 않는다. 하지만 여전히 국토의 40퍼센트가량이 농지로 쓰이며 주요 작물은 곡물, 감자, (와인용) 포도, 올리브 그리고 토마토 등이다. 포르투갈은 토마토 페이스트와 와인의 주요 수출국이기도 하다.

다른 유럽 국가들이 19세기 내내 중공업화 과정을 겪는 사이 포르투갈은 뒤쳐졌다. 공업화가 느리고 단속적으로 진행되면서 지주와 귀족의 완강한 반대에 부딪혔고 중요도 면에서 식민지 문제에 밀리게 되었다. 이에 따라 20세기 초반까지도 포르투갈 인구의 80% 이상이 농업에 종사했다. 1950년대에 살라자르 정권 아래서 공업이 성장하였고 이때부터 포르투갈의 경제는 점차 혼합경제 체제로 나아갔다. 최근 몇십 년간 제조업으로 많이 전환된 결과 2022년에 제조업은 포르투갈 경제 총생산의 19퍼센트가량을 차지하게 되었다. 이는 결코 손쉽게 이루어진 일이 아니었다. 섬유와 신발 같은 부문은 아시아의 경쟁국들이 장악하고 있기에 포르투갈은 좀 더 새로운 부문에 적응할 수밖에 없었다. 그리고 이런 부문은 새로운 정보통신 기술뿐만 아니라 자동차나 전자 기술과 에너지 분야처럼 우수한 기술력을 보유한 기업들이 필요했다. 유럽연합에 가입하면서 외국의 직접 투자가 늘어난 결과 포르투갈은 금융과 이동통신이 주를 이루는 강력한 서비스업을 구축할 수 있었고 이들 산업은 국내총생산의 대부분을 차지하게 되었다. 정부가 교육과 사회기반 시설에 지속적으로 투자한 끝에 큰 이익이 나면서 최근 몇 년간 여러 다국적 기업들이 포르투갈에 사업소를 설립해왔다. 유럽의 대다수 나라들의 수도에서 비행기로 3시간이 채 안 걸리는 거리인 데다 상대적으로 적은 비용으로 자격을 갖춘 다중 언어의 전문 인력을 구할 수 있다는 장점 덕분에, 포르투갈은 사업 서비스의 최적지를 찾고 있는 기업들에게 매력적인 선택지가 돼준다.

외국 기업과 기업가들은 물론 포르투갈로 이주하는 전문직 종사자들이 꾸준히 늘어난 결과 부동산이 큰 호황을 누리면서 포르투갈의 주택 시장에 전례 없는 도시 재개발과 투자 열풍이 불었다. 그러나 공급량은 급증한 주택 수요를 겨우 맞춰가는 실정이다 보니 부동산 가격은 외국인들이 기겁할 만한 수준까지 치솟았다. 게다가 저임금 일자리에 종사하는 포르투갈 사람들이 인건비가 비싸다는 이유로 도심의 노동 시장에서 점차 배제돼가고 있다.

코로나 19

포르투갈에서 공식 기록상 코로나 19가 최초로 발병한 때는 2020년 3월이었다. 당시 새로 생긴 질병에 길들_가봐 많은 이들이 자청해서 대면 활동을 줄였다. 결국 3월 18일에 정부는 비상사태를 선포하고 6주 동안 대대적인 봉쇄 조치를 단행했다. 이듬해 1월 15일에 두 번째 봉쇄 조치가 내려졌는데 이때는 기간이 거의 8주에 달했다. 아울러 여행이 금지되었고 밤 9시부터 새벽 5시까지 집 밖으로 이동하는 것을 제한하는 통행금지령도 실시되었다.

평상시에도 질병 걱정이 많았던 포르투갈 사람들이 정부 조치를 아주 잘 따르다보니 봉쇄 기간에 도심 거리는 으스스할 정도로 텅 비어있었다. 백신 접종률이 높아 2022년 초쯤에는 거의 모든 국민이 두 번의 접종을 받게 되었다. 또한 다른 서유럽 국가들과 뚜렷하게 대비될 정도로 백신 접종 거부자가 거의 없었다.

일상생활에서도 규칙을 어기는 사례가 적은 편이었지만 엄수해야 하는 특징적인 규칙들이 많이 생겨났다. 일례로 반려견을 데리고 필요 이상으로 (혹은 허용 범위를 넘어설 정도로) 멀리 산책을 나갔고 평생 운동할 일이 없을 법한 이들도 난데없이 하루에 수차례 바깥바람을 쐬어야 했다.

대부분의 사람들이 대의를 위해 일련의 조치를 감수하는 상황에서 정부가 2020년 4월에 1974년 혁명일을 기념하는 행사들을 허가하자 일부에서는 위선적인 당국의 태도를 비난하고 나섰다. 하지만 전반적으로 정부 당국의 신속한 조치와 국민들의 협조에 힘입어 포르투갈은 여러 다른 유럽 국가들보다 수월하게 세계적인 전염병 사태를 헤쳐 나가 국제적으로 모범이 될 만한 공공보건 국가로 우뚝 설 수 있었다.

02

가치관과 사고방식

포르투갈에는 정말로 사교적이고 정이 깊은 문화가 형성되어 있다. 포르투갈 사람들에게는 가족이 제일 우선이고 그다음이 친구다. 우정은 깊고 평생 가는 편이며 우정을 나누는 사이는 가족처럼 지낸다. 포르투갈 사람들은 (동네 카페, 직장, 클럽 등에서) 사람들과 어울리기를 좋아하기 때문에 알고 지내는 사람들이 많고 서로 다정하게들 지낸다.

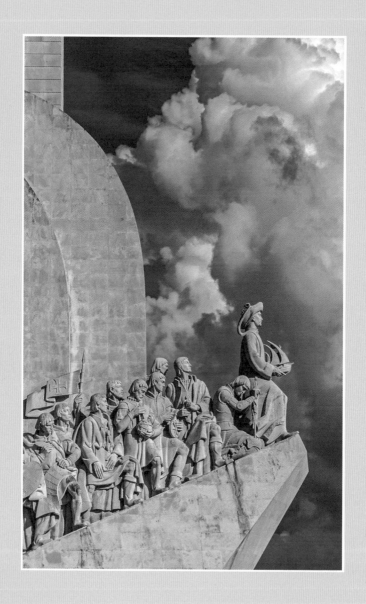

포르투갈 사회는 유대가 긴밀하고 관계에 뿌리를 두고 있으며 가족을 가장 중요하게 여긴다. 일할 때나 놀 때도 개인적인 접촉이 중요하다. 포르투갈 사람들은 일하기 위해 사는 게 아니라 살기 위해 일한다. 그래서 사람들과 어울려 재미있게 놀기 위한 것이라면 어떤 변명이든 기꺼이 통한다. 그러나 포르투갈 사람들은 유희 능력만 무한한 게 아니라 향수에 흠뻑 취하고 운명론에 심취한다. 또한 편안한 상태에서는 마음을 열고 친근하다가도 정서적으로 불안하거나 익숙하지 않은 영역을 접하면 의심하고 방어적이 되기 쉽다. 그렇지만 이와 같은 모순된 태도에 익숙해지기만 하면 포르투갈 사람들이야말로 푸근하고 언제나 즐기고 축하할 준비가 되어 있는 외향적인 사람들임을 알게 될 것이다.

가족

그리 멀지 않은 과거만 하더라도 전통적인 포르투갈 가정은 보통 대여섯 명의 자녀를 둔 대가족이었다. 그러나 지난 몇십 년 동안 포르투갈에서도 다른 유럽 국가들처럼 결혼율과 출산율이 감소했다. 2022년에 포르투갈의 평균 출산율은 여성 1인당 1.28명으로 유럽 전체 평균인 1.61명을 밑돌았다. 현재 대학 수준의 고등 교육을 받고자 하는 이들이 더욱 늘어난 데다 그중 많은 이들이 학업을 지속해 석사 학위까지 마치고 있다(포르투갈에서 대학 재학생의 33퍼센트가 석사 과정을 밟고 있는데 이는 유럽 평균의 두 배에 달하는 수치다.). 이렇게 학업을 마치고 나서야 본격적으로 사회생활을 시작하다 보니 오늘날 많은 이들에게는 가정을 꾸리는 일보다 취업이 우선시될 수밖에 없다. 이런 현상은 특히 젊은 여성들에게서 두드러지게 나타난다. 2022년에 포르투갈 여성이 첫아이를 낳는 평균 나이는 32세로 2012년의 29세와 1960년의 25세와 비교된다.

포르투갈 젊은이들이 결혼 제도를 대하는 태도 또한 바뀌고 있다. 점점 많은 여성들이 사회생활과 개인 활동을 위해 결혼과 출산을 미루거나 심지어 포기하고 있다. 또한 결혼하지 않고 과거에 비해 길어진 동거 생활에 만족하는 이들도 늘어나는 추세다. 정말이지 현재 포르투갈의 결혼율은 사상 최저치로 유럽에서도 가장 낮은 축에 든다.

그럼에도 가족의 개념은 여전히 포르투갈 사회의 중심축을 이룬다. 핵가족은 (평균 2.5명으로) 가족 수가 적지만 대가족의 형태는 상상 이상이다. 포르투갈 사람이 말하는 가족은 조부모, 대부모, 이모, 고모, 외삼촌, 삼촌, 숙모, 외숙모, 그리고 사촌 등 그 범위와 구성원이 다채롭다. 이와 같이 폭넓은 친척들은 꼭 한 지붕 아래에서 살 필요는 없지만 대체로 최대한 가까이 모여 살면서 매일 얼굴을 보는 편이다.

가족을 중시하는 문화는 비단 애정에서만 비롯된 것이 아니라 필요에 따른 결과이기도 하다. 1960년대 초반까지만 해도 여성들은 전체 노동 인구의 20퍼센트에 그쳤고 일찍 결혼해서 전업주부로 아이를 낳고 기르는 게 일반적이었다. 이후 여성의 대학 진학률이 치솟아 50퍼센트를 웃돌면서 현재는 여성들이 포르투갈 노동력의 거의 절반을 이루고 있다. 오늘날 포르투갈 관직의 40퍼센트를 여성이 차지하고 있고 민간 기업체에 종사하는 여성의 비율도 40퍼센트에 육박한다. 많은 가정이 공립이든 사립이든 보육시설을 이용하기 쉽지 않기 때문에 조부모의 손길에 기대는 편이다. 어느 정도는 이런 이유로 포르투갈의 중장년층은 가정생활의 적극적인 가담자로서 전면에 나서는 동시에 존중받는 위치에 있다고 볼 수 있다.

포르투갈 가정은 전통적으로 모계 중심으로 아내가 집안의 내소사를 내부분 결정한다고 보는 편이다. 그러나 오늘날 젊은 부부들은 집안일과 각자의 의무를 공평하게 분담하는 추세다. 어머니와 아버지를 '주부'와 '부양자'로 나누는 전통적인 역할 분담 또한 모호해진 상태로 현재는 양쪽 역할을 공동으로 수행할 때가 많다.

그러나 지금까지도 바뀌지 않은 한 가지 생활상을 꼽자면 자녀가 결혼할 때까지 부모와 함께 사는 것이 일반적이라는 점이다. 이런 현상을 피부에 와 닿게 설명하자면, 2022년에 18~34세 연령 인구의 64퍼센트가 여전히 본가에서 살고 있다. 더구나 향후 이들 중 상당수가 어떤 형태로 취업을 하든 본가의 가계비를 덜어주기보다는 보통 20대 후반이나 30대 초반에 둥지를 떠나는 데 필요한 자금을 모을 것으로 예상된다.

포르투갈 가정에서는 자녀가 중심이다. 어머니는 종종 자녀의 몫을 보충해야 한다는 부모로서의 책임감 때문에 이런저런 형태의 일을 하곤 한다. 자녀를 호의호식하게 해주려고 본인은 안 먹고 안 쓰는 부모들도 많은데, 이런 가정의 자녀들은 결국 응석받이가 되거나 마마보이나 마마걸이 될 가능성이 크다. 이런 집 자녀들은 학교에 다닐 때나 밖에서 놀 때는 물론 심지어 나이를 먹어서도 거의 항상 부모가 따라다니기 때문에 감독하는 어른 없이 공공장소에 나타나는 경우는 드물다.

어른과 같이 다녀 버릇해서 그런지 아이들은 대개 사교적이고 자신감이 넘치며 가능하면 보란 듯이 돌보미를 대동하고 다니는 편이다.

포르투갈 가정은 무엇보다도 신의와 분별력을 중요하게 여기기 때문에 '집안의 안 좋은 일을 떠벌리는 것'을 용납하지 않는다. 식구가 아주 많은 대가족이 흩어져 살다가 다시 만나면 그 수가 20~30명에 달하다 보니 가끔 다툼이 일어나기 마련이다. 포르투갈 사람들은 개인 문제를 남들에게 알리기보다는 자기만 알고 있으면서 '가정 내에서' 은밀히 해결하는 편이다. 설령 가족 누군가에게 고민을 털어놓는다 하더라도 극비로 이루어지는데, 이는 오직 같은 식구만이 가족을 흉볼 수 있다는 묵계에 따른 것이다.

종교

포르투갈은 여전히 신앙심이 깊은 나라다. '하늘이 허락한다면Se Deus quiser'은 포르투갈어 문장에서 가장 많이 쓰는 맺음말에 속한다. 포르투갈 인구의 81%가 기독교 신자고 이 가운데

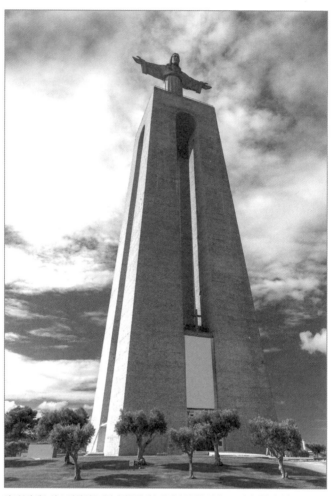

리스본의 예수 상. 브라질 리우데자네이루의 예수 상에서 영감을 받아 1959년에 설립되었다.

· 장미의 기적 ·

디니스 왕의 부인이었던 아라곤의 이자벨(1269~1336)은 성스러운 왕비로 불렸으며 그녀가 행한 여러 기적 때문에 1625년에 성자의 반열에 올랐다. 이자벨 왕비는 가난한 이들을 찾아가 돈과 빵을 나눠줬을 뿐만 아니라 자선단체와 병원을 세운 일로도 유명했다. 그녀와 관련된 전설 중에서 가장 많이 알려진 장미의 기적은 그녀가 가난한 이들에게 주려고 막대한 양의 동전을 망토에 숨겨서 가지고 나갈 때 일어났다. 사실 그런 행동은 왕의 허락을 받지 않아 큰 대가를 치를 수 있었다. 어느 날, 디니스 왕은 그녀를 막아선 뒤 무엇을 들고 가는지 물었다. 그래서 왕비가 왕에게 망토를 열어서 보여주었는데, 어느 새 동전이 장미로 변해 있었던 덕분에 그녀는 이렇게 대답했다. "장미입니다, 전하."

19%가 정기적으로 미사에 참석한다. 그러나 이와 같이 종교가 국민의 삶에서 대단히 큰 부분을 차지하고 있긴 하지만, 인구의 90%가 가톨릭 신자이고 그중 50%가 최소한 한 달에 한 번 미사에 참석했던 10년 전의 통계와 비교할 때 신앙심이 뚜렷하게 줄었다는 것을 알 수 있다. 그럼에도 결혼식이나 세례식 또는 장례식 같은 행사나 이런저런 종교의 축일에만 성당

에 가는 이들도 그 순간만큼은 몸가짐을 반듯하게 하고 열과 성을 다할 것이다. 이런 자세는 당연히 가족 화합의 정신에서 나온다. 가족 상봉을 위한 변명이라면 무조건 통한다!

가톨릭을 믿는 인구가 가장 많긴 하지만 최근에 이민자가 늘어나면서 문화나 인종은 물론이고 종교도 다양해져서 현재 포르투갈의 가톨릭은 다른 종교와 평화롭게 공존한다.

【 파티마 】

레이리아 인근에 자리한 파티마 성지는 포르투갈의 종교적 심장부로 1년 내내 전 세계의 순례자들이 찾아와 소원을 빌고, 신께 감사 기도를 드리며, 영적 결속을 다지는 곳이다.

파티마의 기적은 1917년에 6개월에 걸쳐 성모 마리아가 파티마에 사는 세 명의 어린 목동들에게 나타나 세 가지 예언을 했다고 전해지는 이야기다. 첫 번째 예언은 지옥의 존재를 확인해주는 내용이었고, 두 번째는 1차 세계대전의 끝을 알리는 동시에 러시아가 그리스도교를 버리고 공산주의를 받아들여서 결국 전쟁과 박해로 이어질 것이라는 예언이었다. 마지막으로 세 번째 예언은 교황 요한 바오로 2세의 암살 시도가 있을 것이라는 내용이었다.

성직자들과 과학자들이 13년 동안 검증을 한 후, 1930년에 가톨릭교회는 성모 발현이 충분히 신빙성이 있다고 공표하면서 파티마 성모에 대한 숭배를 공식적으로 인정했다. 지금 현재 파티마 성지와 이곳의 상징성은 굉장히 강력하고 영적 의미 또한 커서 요즘 사람들 대부분이 원래의 기적 내용을 더 이상 믿지 않음에도 매년 수많은 신도들이 찾아온다.

격식과 존중

포르투갈에서는 예의범절을 존중의 표시로 여기기 때문에 굉장히 중시한다. 하지만 포르투갈 사람들은 분명히 무례를 범할 의도가 전혀 없는 이상 이 문제에 대해서 꽤 관대한 편이다. 외국인은 현지의 행동거지에 익숙하지 않기 때문에 이해하고 넘어가주지만 그럼에도 일정한 기준에 맞게 행동해준다면 외국인을 초대한 현지인이 좀 더 편안한 마음으로 손님을 대할 것이다.

예를 들면 포르투갈에서 인사를 나눌 때 여자와 남자는 서로의 한쪽 뺨이나 양쪽 뺨에 입을 맞춘다. 남자들끼리는 악수를 하고 친한 친구이거나 만나서 반가운 마음이 클수록 악수가 더 활기차며 종종 꼭 껴안거나 등을 크게 두드리기도 한다. 헤어질 때도 같은 식의 인사를 나누는데 다만 이때는 좀 더 가볍게 포옹하고 등을 두드리는 편이다.

젊은이들 사이에서 구식으로 치부되며 점점 사라져가고 있는 예의범절들도 있다. 예를 들어 남자 어르신이 여성에게 모자를 조금 들어 올려 인사하거나 신사분이 연상인 여성에게 인사할 때 손에 키스하는 모습을 심심찮게 볼 수 있다. 아이들은 어릴 때부터 어른을 공경하는 법을 배운다. 집안에서는 모자를 쓰지 않고, 손윗사람이 방에 들어올 때 일어서서 맞아야 하며, 같이 있다가 헤어질 때도 마찬가지로 일어서야 한다. 원칙적으로 어른과 연장자는 아랫사람에게 격에 맞게 행동하길 바라지만 아이들과 함께하는 자리를 언제나 대환영하며 아이들에게 쾌활하고 관대한 태도를 보인다.

포르투갈 사람들이 격식과 전통을 좋아하는 게 여실히 드러날 때가 바로 젊은 커플이 결혼하기로 했을 때다. 포르투갈에서 결혼은 두 사람의 결합에 그치는 게 아니라 양측 가족의 오랜 인연이 시작된다고 본다. 신랑은 존경의 표시로 신부의 아버지에게 딸과 결혼해도 되는지 허락을 구할 수도 있다. 더 오랜 전통을 따르기로 작정한 신랑이라면 미래의 장인어른과 단둘이 만나 결혼하고 싶다는 생각을 전할 것이다. 물론 간단히 양가 부모님께 결혼하기로 했으니 축복해달라고 말하는 젊은 커플들도 있다.

일단 결혼에 필요한 세부적인 사항들을 결정하고 준비에 들어가면 보통 결혼식 몇 달 전에 약혼 축하식이 열린다. '페디두Pedido(청혼)'로 불리는 이 행사는 대개 신부의 가족이 신랑의 가족을 초대해 식사를 대접하는 형식으로 진행된다. 이 자리에서 신랑은 신부에게 정식으로 청혼하고 약혼 반지를 건네며 미래의 처가 식구들에게 소감을 전한다. 이후 신랑의 아버지는 신랑과 그 가족을 자신의 가족으로 맞아들인다는 축사를 할 것이다. 페디두는 공식적인 약혼식 역할을 할뿐만 아니라 양가가 결혼식에 앞서 서먹한 분위기를 깨고 친해질 기회를 만들어준다.

사교성, 의심, 그리고 받아들이기

포르투갈 사람들은 진심으로 붙임성이 좋고 상냥한 이들이다. 앞서 살펴봤듯, 이들이 가장 중요하게 여기는 관계는 가족이지만 우정 또한 가족 관계 못지않게 평생을 소중하게 여기는 가치다. 포르투갈 사람들이 친구 사귀기를 좋아하다 보니 많은 이들과 알고 지내며 두루 잘 지낸다. 하지만 이런 관계는 우정과 달리 피상적인 수준에 머무는 데다 다른 사교 집단과 분리돼 있을 경우가 많다.

사교적인 대다수 포르투갈 사람들은 이해와 수용이 가능할 수 있도록 특정한 사회적 배경을 지닌 이들과 어울리기를 좋아한다. 그렇다 보니 낯선 이를 의심하는 경향이 있어 처음 만났을 때 차갑다 못해 불친절하게 보일 수 있다. 하지만 이런 서먹한 분위기는 얼마 안 가 깨지고 만다. 종종 같은 가게를 다니거나 오다가다 얼굴을 익힌 사이거나 또래 자녀가 있는 경우에는 처음의 서먹함을 가뿐히 극복할 수 있다. 외국인 관광객들은 다른 생활권에 속하다 보니 이들에게 곁을 내주지 않을 때가 많다. 하지만 빨리 "로마에 가서는 로마법을 따르라"는 태도를 취하고 공통 관심사를 만든다면 곧 동등한 일원으로 받아들여져 유쾌하고 따듯한 대접을 받게 될 것이다.

포르투갈 사람들은 자국 음식에 대한 자부심이 무척 높기 때문에 대접해주는 요리를 열광적으로 먹어준다면 긍정적인 반응은 따 놓은 당상이다. 어떤 사람이 손가락으로 자그마한 생선을 통째로 집어 먹거나 새우 머리를 게걸스럽게 빨아먹는 모습을 목격하더라도 인상을 찌푸릴 필요가 없다. 이 나라에서는 자연스러운 광경일 뿐이니 한 번 직접 해보시길. 눈이 뻔쩍 뜨이는 놀라운 경험이 될지도 모른다! 포르투갈 사람들은 자식 사랑이 각별하니 상대의 자녀에게 잘 놀아주고 상냥하게 대해주면 부모 특유의 경계심이 눈 녹듯 사라질 것이다. 또한 어떤 식으로든 도움을 줄 수 있다면 사람들에게 환대를 받게 될 것이다. 예를 들어, 연로한 이웃의 장바구니를 집까지 들어다 주는 것처럼 말이다.

전반적으로 포르투갈 사람들은 호기심이 많고 남을 기쁘게 해주는 데 진심이기에 누군가에게 관심을 보이면 마음에서 우러나서 그러는 것이다. 따라서 마음을 열고 적극적으로 소통하다면 포르투갈 사람들의 따듯한 환대로 즐겁게 여행할 수 있을 것이다. 사교와 관련해 더 많이 알고 싶다면 4장을 참조하시라.

남자다움과 평등의식

포르투갈 사회는 언뜻 보기에 남성을 중심으로 돌아가는 것 같지만 기본 구조는 영락없는 모계사회다. 남자들은 뼛속까지 다혈질의 라틴계 남성으로서 전반적으로 여자들의 속성을 이러쿵저러쿵 평가하기 좋아하지만, '자신들의' 여자(즉 자신의 어머니, 여자형제, 아내, 딸 그리고 여자 친구)는 전적으로 논의 금지 대상이다. 남자들은 여자가 있는 자리와 달리 남자들끼리 있을 때는 전혀 다르게 행동한다. 하지만 사회가 성평등에 많은 노력을 기울임에 따라 남자다움을 과시하는 경향은 점차 바뀌고 있다.

　포르투갈 사회에서 남자다움이 어떤 식으로 작동하는지 이해하려면 부정적인 측면뿐만 아니라 긍정적인 측면까지 자세히 살펴볼 필요가 있다. 대다수 남자들은 여자가 근처에 있거나 동석했을 때 여자를 귀부인 대하듯 깍듯이 문을 열어주고, 의자를 빼주며, 거친 말투를 자제하는 등 예의바르게 행동하는 것을 중요하게 생각한다. 반면에 자기네끼리 있을 때에는 큰 소리로 말하거나 밉살스럽게 행동한다. 이런 태도는 눈살을 찌푸리게 하지만 악의 없이 하는 경우가 대부분이라 무시하는 게 상책이다. 포르투갈에서도 젊은 남성들은 확실히 윗세대보다 평등하게 행동하며 전반적으로 성 평등을 위해 훨씬 더 적극적으로 노력한다. 진정한 평등이 이루어지려면 아직 갈 길이 남았지만 지금까지 뚜렷한 진전이 있었던 덕분에 오늘날 점점 더 많은 여성들이 주체적으로 자신의 삶을 영위하며 과거보다 부당한 남자다움을 감내하는 일이 많이 줄어들었다고 느낀다. 하지만 이런 추세와 맞지 않게 유독 진전 속도가 느린 곳이 있으니 바로 운전대 뒤다(6장 참조).

관용과 편견

포르투갈 사람들은 아량이 넓다고 자처하지만 그렇다고 애써 불쾌한 언사나 행동을 삼가는 편은 아니다. 이들은 때로 자신의 말이 공격적으로 받아들여질 수 있음에도 속내를 직설적으로 전달하며 둘러말하거나 듣기 좋게 꾸며 말하는 사람들을 못마땅해한다. 꽤 최근까지도 대다수 사람들에게 외국 문화를 접할 수 있는 기회가 흔치 않았다. 따라서 혹시 경멸적인 말을 내뱉는 사람을 보더라도 대개는 무지에서 비롯된 것이지 비열한 의도나 상처를 주려는 목적이 아니니 마음에 담아 두지 마시라.

과거 식민지를 확보해나가던 시절에 포르투갈 사람들은 사회조직과 관련해 가장 포용적이고 공정한 편에 속했다고 한다. 포르투갈은 또한 다른 나라들보다 훨씬 앞선 1761년에 노예를 해방하기 시작했다. 과거에 포르투갈 사람들이 교류한 외국인들은 주로 이전에 식민지였던 나라들에서 개인적으로나 경제적으로 고난을 겪다가 일자리와 더 나은 삶을 찾아 포르투갈로 이주해온 이들이었다. 이런 이민자들은 또한 대개 교육을 받지 못한 자들이었다. 이와 같은 경험이 바탕이 되어 포르투갈 사람들에게 외국인에 대한 일종의 고정관념이 형성되었다. 그러나 관광이 대중화되고 세계를 넘나들며 무역이 이루어지고 미디어가 발달되면서 편견에 휩싸인 구시대적 태도는 드물어졌다. 물론 여전히 가끔 나타나긴 하지만 말이다.

시대가 변하면서 같은 이유로 성과 관련해서도 관용적인 분위기가 더욱 널리 퍼지게 되었다. 2010년에 포르투갈은 세계에서 여덟 번째로 동성 결혼을 승인한 나라가 되었고 2016년에는 동성 커플의 입양을 합법화하는 법안을 통과시켰다. 2019년에 포르투갈은 캐나다와 스웨덴과 함께 세계에서 가장 성소수자 친화적인 여행지로 뽑혔다.

물론 사람들의 관용적 태도에도 나름의 선이 있다. 일례로, 포르투갈 해안에 나체 해변들이 있긴 하지만 지정되지 않은 해변에서는 나체로 다니는 것은 용납되지 않는다. 상반신을 드러낸 차림으로 다닌다고 해서 반드시 질책받을 일은 아니지만 대다수 현지인들은 그런 차림을 삼가는 편이다. 나체 해변에 입장하거나 억세게 운 좋게도 사람이 없는 곳에 들어선 경우가 아니라면 수영복류를 입으시라. 또한 사람들 앞에서 수영복을 입거나 벗는 행위는 삼가시라.

개인주의와 국민적 자부심

역사적으로 일정 시기 동안 정치적 혼란과 부패에 시달리면서 자기 보호 차원에서 그런지는 모르겠지만, 포르투갈 사람들에게는 특유의 개인주의와 운명론이 배어있다. 이와 같은 성향은 역사의 부침으로부터 자신을 지키는 무기가 돼주기도 하지만 냉소적이고 자기비하적인 태도로 이어지기도 한다. 곧 눈치채게 될 텐데, 포르투갈 사람들은 곧잘 호되게 나라를 비판하면서도 정식 공익에 보탬이 되고자 애쓰기보다는 자신의 상황을 개선하는 방향으로만 행동할 때가 많다. 다행스럽게도 항상 이런 것은 아니라서 공동체 의식을 자각하면 그 효과가 클 뿐만 아니라 오래 지속된다는 점 또한 입증됐다.

그 대표적인 예로는 코로나 바이러스가 창궐했을 때 대중이 보인 반응을 들 수 있다. 2년 넘는 기간 동안 대다수 국민은 취약 계층과 공중보건 체계를 지켜내 주어진 환경에서 최대한 일상을 평화롭게 지속해나가기 위해 쉽지 않은 변화들을 기꺼이 수용했다. 과거 포르투갈이 역경에 처할 때마다 그랬듯, 코로나 시기에도 포르투갈 국민은 공동체 의식과 국민적 자부심으로 똘똘 뭉쳐 함께 힘든 시기를 이겨냈다.

어떤 방도도 통하지 않고 개인주의만 득세하는 것 같은 때에도 변함없이 포르투갈 사람들을 하나로 뭉치게 하는 한 가지가 바로 축구다. 유로 2016 결승전에서 포르투갈 축구대표팀이 주장인 크리스티아누 호날두가 부상으로 전반 25분에 경기에서 빠진 상황에서도 프랑스를 꺾고 우승했을 때, 포르투갈의 사기는 하늘을 찔렀다. 당시 금의환향한 영웅들을 위해 붉은색과 초록색 물대포를 쏘며 시작된 우승 기념 파티는 몇 주 동안이나 이어졌다.

대체로 포르투갈 사람들은 책임 의식과 자립심이 강할 뿐만 아니라 공동체의 일원이 된다는 것이 얼마나 중요한지도 잘 알고 있다. 이에 따라 포르투갈 사람들을 독립적이면서도 동시에 상호의존적이라고 말할 때가 많다. 이와 같은 개인주의와 공동체 정신의 조합은 언뜻 모순적으로 보이지만 바로 이런 점 때문에 포르투갈이라는 나라가 흥미로운지도 모른다. 여기서 잠깐 포르투갈 사람들의 자기비하와 관련해 살짝 경고해줄 말이 있다. 가정사의 사례와 마찬가지로 포르투갈 국민이 자국을 비판하는 것은 용인되지만 외부인이 포르투갈을 욕하는 일은 용납되지 않으니 명심하길 바란다. 비난은 물론이고 비판적으로 비쳐질 수 있는 의견이라도 관계가 돈독해질 때까지는 아끼는 게 최선이다.

사우다드

포르투갈 사람들은 그리워하는 게 많다. 이들은 도달하지 못하는 것을 동경하는 만큼 옛 시절 또한 그리워한다. 이와 같이 달콤 쌉쌀하고 낭만적인 운명론을 가리켜 '사우다드saudade'라고 표현한다. 포르투갈의 어르신들은 한숨을 쉬고, 힌탄허며, 그

슬픈 이야기를 곱씹기 좋아한다. 그러면서 동시에 기쁨을 만끽하는 재주 또한 뛰어나다. 이는 자신이 처한 역경을 한탄하면서도 마르지 않는 유머 감각을 지니고 있어 국가나 종교 또는 가족과 관련된 행사에서 떠들썩하게 웃고 즐기는 민족의 다채롭고 모순적인 성격을 보여주는 또 다른 예라고 할 수 있다. 옛 시절을 그리워하는 포르투갈 사람들의 열렬한 마음은 2021년 유로비전 노래 대회에 참가한 가수 마로의 노래에 잘 녹아있다. 포르투갈 사람들의 사우다드가 생소한 이들은 이 노래를 들어보길 바란다!

03

관습과 전통

포르투갈의 전통 결혼식에서는 신부의 일가친척과 친한 친구들로 이루어진 신부 측 하객들이 신부의 집으로 가서 아침을 먹은 후 신부와 함께 결혼식이 열리는 성당으로 간다. 식이 끝나면 하객들은 다양한 코스 요리와 다량의 와인과 여러 음료가 차려진 피로연에 참석한다. 점심을 먹고 춤을 추고 나면 모두가 신혼부부의 집에 들렀다가 각자의 집으로 가서 낮잠(시에 스타)을 잔 뒤 다시 모여 또 다시 식사를 하는 게 관례다.

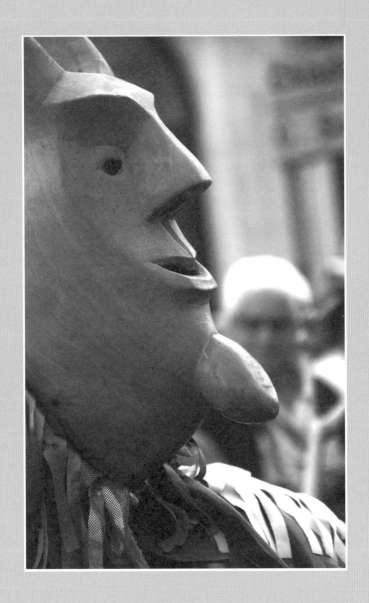

티피쿠

'티피쿠tipico'라는 말은 널리 쓰이고 굉장히 중요한 포르투갈어다. '전형적'이라는 뜻으로 번역되는 이 말은 전통에 걸맞는, 진정으로 포르투갈다운, 포르투갈의 특징이 잘 드러난 것들을 가리킬 때 쓴다. 접시, 식당, 관습, 복장, 노래, 춤 등등 전형적인 것들은 셀 수 없이 많으며 지역마다 혹은 심지어 도시마다 다를 수 있다. 포르투갈 사람들은 지금껏 이러한 전통을 소중히 지켜왔고 축일이나 지역 축제 때 포르투갈 문화의 중요한 일부로서 자랑스럽게 펼쳐 보인다.

국경일

포르투갈에는 1년에 14번의 국경일에 더해 자치도시들이 제정한 100회가 넘는 휴일이 있다. 국경일은 종교나 역사적 사건을 기념하는 날인 데 반해 자치도시의 축일은 대개 해당 도시의 수호 성인을 기리는 날로 하루 동안 일을 쉰다. 또한 지역 축제는 안면 얼리번 1루일 동안 시낙뙬 수 있나. 녹요일이나 와

요일에 휴일이 걸리면 보통 금요일이나 월요일도 쉬어서 긴 주말 연휴를 보낸다.

종교 축일

크리스마스와 부활절은 가장 중요한 종교 휴일이다. 대가족은 이때를 이용해 모두 모여 미사를 보러 가며 전통 음식과 다양한 와인으로 구성된 진수성찬을 먹는다.

크리스마스이브(소매업 분야를 제외하고는 이날 또한 비공식적으로 휴일이다)에는 대개 '세이아ceia(저녁 식사)'를 마친 후 자정 미사missa do galo에 참석한다. 12월 25일에도 축제 행사가 이어져 점심 식사와 저녁 만찬까지 함께 할 때가 많다. 크리스마스 메뉴는 지역마다 다르지만 일반적으로 전통 방식으로 구운 칠면조, 풍성한 디저트, 버터와 달콤하게 맛을 낸 달걀 노른자가 듬뿍 들어간 페이스트리, 그리고 대구로 만든 요리로 구성된다. 보통 이이틀의 휴일 동안 가능한 많은 친척들을 만나려고 이곳저곳 많이 다니며 만남이 성사될 때마다 선물을 주고받는다. 해마다 이맘 때, 읍내와 시내 중심가는 조명과 그리스도 성탄화 그

크리스마스 시즌의 코메르시우 광장(리스본에 있으며 '코메르시우'는 '상업'이라는 뜻)

리고 전통의 크리스마스 장식들로 넘쳐난다. 대다수 가정에는
크리스마스트리와 요셉, 마리아, 구유의 아기 예수가 등장하는
그리스도 성탄화Presépio에다 목동, 동물, 그리고 세 명의 현자를
형상화한 작은 조각상들이 있다. 더욱 현대적인 모습의 산타
클로스가 한때 순전히 종교와만 연관됐던 휴일의 보편적인 풍
경으로 자리 잡으면서 공공 장식과 축하 행사는 물론이고 일
반 가정에도 예외 없이 등장한다.

　4주간 석진의 일요일인 옹터 구일을 시작으도 싱 무산

Semana Santa이 이어진다. 관습은 도시와 지역마다 다르다. 오래된 지역이나 지방으로 갈수록 더욱 '전형적'이며 전통을 더 많이 따르지만 주요한 의식 절차는 전국 어디서나 지켜지고 있다. 사순절 마지막 주일인 종려 주일에 각 교구는 그리스도의 예루살렘 입성을 기념하는 행진을 펼친다. 종종 사제는 교구의 가정들을 방문할 기회를 잡기도 하며 아이들은 자신의 대부모에게 꽃을 주는 게 관례다. 성 주간 내내 예수상과 성모상을 들고 가는 다양한 행진이 펼쳐지는데, 사람들은 가장 정성 들여 수를 놓은 가보 같은 모포와 망토를 창문 밖이나 발코니에

전통적인 부활절 케이크, 폴라르 드 파스코아

걸어둔다.

그리스도가 십자가에 못 박힌 날을 기억하기 위한 날인 성 금요일은 금식과 영적 성찰의 날이다. 또한 지역마다 그리스도 의 수난을 재연하는 행진과 연극도 열린다. 부활절에 성당은 신도들로 가득 차고 널리 기념하는 분위기가 충만하다. 크리 스마스 때와 마찬가지로 가족이 다 같이 모여 성대하고 정성 이 가득한 음식을 먹는다. 또한 전 세계 어디서나 볼 수 있는

1월 1일	새해
2월 (항상 화요일)	카니발
3월/4월	성 금요일
3월/4월	부활절 일요일
4월 25일	광복절
5월 1일	근로자의 날
5월/6월	성체 축일
6월 10일	국경절
8월 15일	성모승천대축일
10월 5일	공화국 선포일
11월 1일	만성절
12월 1일	독립회복일
12월 8일	성모 수태일
12월 25일	크리스마스

북동부 지역 트라스 오스 몬테스의 포덴스 카니발

초콜릿과 부활절 달걀과 토끼를 건네주고 찾으러 다니는 풍습
도 시행된다.

카니발

카니발 Entrudo (엔트루두) 축일은 재의 수요일 Ash Wednesday 전날 화요
일로 사순절이 시작되기 전날이다. 공휴일은 아니지만 카니발
이 낀 월요일과 화요일에 학교는 휴교를 하고 많은 회사들이

직원들을 쉬게 해준다. 포르투갈에서 카니발을 치르는 모습은 전국적으로 크게 다르다. 롤레 같은 일부 도시는 브라질의 카니발 개념을 도입해 거리의 춤 행진과 삼바스쿨 경연을 여는 데 반해 다른 도시들은 지역의 빼어난 풍물을 선보인다. 몇몇 지역에서는 좀 더 격식 있고 보수적인 경축 행사를 연다. 반면에 오바르나 토레스 베드라스 같은 도시에서는 참가자들이 제멋대로 뛰어다니면서 구경꾼들을 간지럼 태우고 집적거린다든지 혹은 역사적 인물이나 현대의 정치가들을 풍자해 만든 거대한 인형을 들고 행진한다. 대체로 사람들은 엔트루두를 구실 삼아 공개적인 곳에서든 사적인 곳에서든 잘 치장하고 흥겹게 노는가 하면 단순히 일상을 벗어나 긴 연휴를 즐길 기회로 삼는 이들도 있다.

인기 있는 성인들

6월에는 산투스 포플라르스Santos Populares로 알려진 하지夏至를 기념하는 이교계 축제가 열린다. 가장 인기 있는 성인은 산투 안토니우Santo António (성 안토니우스), 상 조앙São João (성 요한), 그리고 상

페드루^{São Pedro}(성 베드로)다. 이들 성인은 비록 하지와 관련된 이유는 알려지지 않았지만 가톨릭과 이교의 연관성을 상징한다. 6~8월까지 공공 건물과 개인 건물을 불문하고 전국의 모든 발코니와 테라스는 조명과 색 띠와 야생 부추와 화분에 심은 바질로 장식된다. 지자체마다 주민들이 모여 엄청난 양의 구운 정어리와 칼두 베르드(포르투갈 전통의 양배추 수프)를 먹고 와인을 마시면서 여름을 기념하고 성인들에게 복을 빈다. 축제 다음날은 지자체 지정 휴일이다.

리스본 주민들이 여러 마을에서 산투 안토니우 축제를 즐기고 있다.

【 산투 안토니우 】

산투 안토니우는 무엇보다도 가난한 이들과 독신 여성들의 보호자로 알려진 모범적인 프란치스코회 수도사였고 불임 치료자였다. 게다가 사람들은 그가 독신 여성들의 보호자이자 불임 치료자였던 덕분에 중매자의 자질도 있다고 믿었다.

산투 안토니우는 리스본의 수호성인으로 공식 추대된 것은 아니지만, 리스본 시가 그를 수호성인으로 '선정'했다. 그를 기리는 축제는 6월 12일에 산투 안토니우 결혼식을 시작으로 막을 연다. 1950년부터 리스본 시는 시에 거주하는 가난한 약혼 커플들 중에서 합동 결혼식을 올릴 이들을 선정해왔다. 식이 끝나면 신랑 신부들은 시내를 행진하다가 산투 안토니우 상 앞에 멈춰 신부의 부케를 성인께 바친 뒤 마찬가지로 시가 준비한 피로연 장소로 행진을 이어간다.

같은 날 밤에는 리스본의 '마르샤스 포풀라르스Marchas Populares(군중 행진)'도 열린다. 리스본 시내의 주요 대로 중 하나인 아베니다 다 리베르다드에서 행진 무대가 펼쳐진다. 이곳에서 전통 색이 짙은 지역을 대표하는 20여 개 이상의 단체들이 노래와 안무와 복장으로 경연을 펼친다. 행진 대열이 지나갈 때미다 기여 전통이 해신은 부가하려는 온갖 빛깔과 음악의

향연이 펼쳐진다.

【상조앙】

북부 지역에서 인기 있는 성인은 상 조앙이다. 다른 지역과 마찬가지로 야외에서 축제 마당과 파티가 열려 다양한 전통 노래와 춤이 펼쳐지는데, 6월 23일에 상 조앙의 밤을 기념한다. 포르투에서는 술에 취해 흥청대는 이들이 플라스틱 망치와 야생 부추를 한가득 챙겨 거리로 쏟아져 나와서 복을 빌어준다며 지나가는 이들의 머리를 때린다. 이럴 때는 유머감각을

상 조앙의 밤을 기념하기 위해 모인 이들

발휘해 이들의 행동을 폭음에 따른 악의 없는 장난으로 받아들이는 게 상책이다! 이날 밤에는 동네마다 경쟁하듯 불꽃놀이를 벌이는 한편 모두가 커다란 색색의 풍등을 하늘로 띄운 뒤 반짝이며 도시 위로 떠가는 모습을 지켜보는 풍습도 있다.

가족 행사

오늘날 포르투갈의 도심지에서는 가족 행사를 치르는 모습 또한 그리스도교를 신봉하는 다른 문화권과 상당히 비슷하다. 그러나 지방의 작은 시골 마을에서는 결혼식이나 세례식 또는 장례식을 치를 때 오랜 전통을 따른다.

【 결혼식 】

특히 포르투갈의 시골 지역에서는 결혼식 때 신부 측 하객(신부의 일가친척과 친한 친구들)이 신부의 집으로 가서 아침을 먹은 후 신부와 함께 결혼식이 열리는 성당으로 간다. 신랑의 본가에서도 똑같은 광경이 펼쳐진다. 식이 끝나면 하객들은 다양한 코스 요리와 다량의 와인과 여러 음료가 차려진 피로연에 참석한다. 점심을 먹고 춤을 추고 나면 모두가 신혼부부의 집에 들렀다가 각자의 집으로 가서 낮잠(시에스타)을 잔 뒤 다시 모여 또 다시 식사를 하는 게 관례다. 참고로 반드시 그런 것은 아니지만 대개 다시 모여 식사를 할 때는 점심보다 가볍게 먹는다. 때로는 다음날 하객들을 다시 초대해 남은 음식을 먹기도 한다! 결혼식에 참석한 하객들은 신혼부부에게 선물을 줘야 한다. 경우에 따라서는 신랑과 신부가 가게에 선물 등록을 해뒀을 수도 있다. 그러면 사람들은 해당 가게에 가서 이들이 미리 골라놓은 품목을 구입할 수 있다. 또한 피로연이 진행되는 동안 하객들이 돈을 넣어 전해줄 수 있도록 봉투를 나눠주기도 한다. 시골보다 전통적인 축하 문화가 덜한 도시에서 열리는 결혼식은 여느 서구 나라들의 결혼식과 별반 다르지 않다. 신랑과 신부의 종교와 신념에 따라 결혼식 풍경이 달라지고 예산에 맞춰 하객수와 식의 규모나 공들임의 정도가 결정될 뿐이다. 어떤 결혼식이든 실컷 먹고 마시며 새벽까지 춤을 추게 될 것이다.

【 세례식 】

세례식은 아이를 교구에 입회시키는 의식이기 때문에 보통 해당 교구에서 주일 미사 때 거행된다. 따라서 미사 때 (유아부터 열 살짜리 아이까지) 많은 아이들이 정규 예배를 마친 뒤 세례를 받기 위해 기다리고 있는 모습을 흔히 볼 수 있다. 세례식은 결혼식보다 규모가 작은 행사로서 보통 가족과 친한 친구들만 참석할 수 있지만 식이 끝난 뒤에는 마찬가지로 함께 성대한 식사를 한다. 또한 주인공 아이에게 선물을 주는 게 관례인데, 보통 십자가 목걸이나 성인이 그려진 큰 메달 같은 은제 성물을 준다.

【 장례식 】

장례식은 먹고 마시는 게 배제된 엄숙한 의식이다. 대개 가족이 지역 신문에 부고를 내면서 장례식에 참석해 조의를 표하고 싶은 이들을 위해 장례식의 장소와 시간을 함께 공지한다. 장례식 전날 밤샘을 하며 조의를 표하는 이들도 있다. 여러 성당과 예배당에는 입구에 각자 써온 카드를 놓을 쟁반과 함께 서명하기를 원하는 조문객을 위해 명부가 비치되어 있다. 장례식이 끝나면, 참석자들은 관을 따라서 묘지까지 걷거나(가까운 거리일 때) 차를 타고 간 뒤 입관을 마치고 각자의 길을 간다. 여사들은 장례식 때 검정색이나 흰색 옷을 입고 남자들은 정장

에 검정색 넥타이를 맨다. 사망 후 1주일이 지나면 고인과 조
문객들을 위해 기도를 드리는 제7일 미사가 열린다.

파두

파두의 정확한 기원은 불분명하지만 한 가지 점에 대해서는
이견이 없다. 바로 철저히 포르투갈적인 멜로디에서 포르투갈

심금을 울리는 리스본의 파두 음악가들

의 영혼이 진정으로 드러난다는 것이다. '파두fado'라는 말은 운명을 뜻하는 라틴어 '파툼fatum'에서 나왔다. 포르투갈 기타에 맞춰 연주되는 이 쓸쓸하고 슬픈 노래들은 운명에 굴복하는 데 따른 아픔과 '사우다드'를 표현함으로써 포르투갈의 낭만적이고 운명론적인 정서를 잘 보여준다.

일설에 따르면 파두는 그 역시 음울하고 애절했던 무어인의 성가에서 유래한다고 한다. 그 외에도 파두가 중세 시절 풍자를 통해 정치와 사회를 비판하고 우정과 사랑도 노래했던 어릿광대와 음유시인에게서 시작됐다는 말도 있다. 그러나 가장 일반적인 해석은 브라질의 노예들이 부르던 노래를 19세기 중반에 포르투갈의 선원들이 리스본으로 들여온 '룬둠lundum'에서 유래했다는 것이다. 처음 파두로 알려진 노래들이 바다와 먼 곳에 있는 나라를 언급한다는 점에서 일리가 있는 설이다.

파두의 상징적인 악기인 포르투갈 기타와 더불어 검정색 숄 또한 파두에서 큰 비중을 차지한다. 남자들은 보통 검정색 정장을 입는데 여자들 역시 검은색 옷을 입고 한쪽 어깨나 양 어깨에 검정색 숄을 두른다. 파두의 주제는 대개 사랑 혹은 죽음의 고통 위주로 이루어진다. 물론 노래별로 말과 소싸움부터 김치의 애규심에 이르기까지 어느 것이든 주게로 삼은 수 있다. '전형적' 파두는 알파마와 바이후 알투 같은 리스본의 구시가지에 위치한 작고 어두운 식당이나 술집 등에서 연주된다. 그래서 연주자들 또한 서빙을 하는 웨이터처럼 전혀 의외의 사람들일 때가 많다. 노래하는 사람이 아무도 없을 때는 여느 때처럼 대화를 나눠도 되지만, 막상 누군가 노래를 하고 있으면 조용히 해주는 게 중요하다. 안 그랬다가는 노래를 부르는 사람과 그의 팬들이 노여워할 수도 있다. 당연하게도 아말리아 호드리게스, 둘체 폰테스, 마리사 같은 가수들을 배출한 파두는 전 세계에 팬을 거느리고 있다. 또한 카르미뉴와 아나 모라 같은 신세대 가수들의 음반 덕분에 집이나 좀 더 현대적인 곳에서도 파두를 즐길 수 있다.

코임브라에서 파두는 약간 다른 전통을 밟아왔다. 코임브라에는 포르투갈 최초의 대학교가 자리하고 있으니 리스본과 포르투 출신의 학생들이 이곳으로 유학을 올 때 기타와 노래도 함께 가져와 학생 사회에 파두를 서서히 퍼지게 했을 것이다. 젊은 여자의 입장에서 정장을 입은 남자가 한밤에 여자의 집 창 밖에 서서 가슴을 쥐어짜는 짝사랑의 노래를 부른다면 이보다 더 감동스러운 게 어디 있었을까. 청춘의 가장 빛나는 시절과 자유분방한 학창 시절을 떠내 보내며 느끼는 사우다드를 파두보다 더 잘 담아낼 수 있는 음악은 없을 것이다. 이런 이유로 파두는 대학생들의 공식 졸업 축가가 되었다. 지금도 졸업 학년이 끝나갈 무렵이면 전국에서 한밤에 두꺼운 검은 망토를 입은 대학생들이 기타를 연주하며 세레나데를 부르면서 시내를 배회하는 모습을 볼 수 있다.

리본 태우기

리본 태우기queima das fitas(케이마 다스 피타스)는 주로 포르투갈의 북부 지역에서 졸업을 앞둔 대학생들이 행하는 전통으로 19세기 중반부터 시작됐다. 학생들은 시험을 마치자마자 학부별로 모여 대학교에서 읍내나 시내의 중앙 광장까지 줄지어 걸어간 뒤 그곳에서 그동안 책을 묶는 데 썼던 리본을 태웠다. 해를 거듭하면서 이러한 전통은 참여 인원도 늘고 더욱 세련미를 갖춰 지금은 5월에 공식적인 리본 태우기 주간이 생겨서 이 기간 동안 짜임새 있는 활동과 행사가 펼쳐진다.

리본 태우기 주간은 대개 대학 구성원들이 함께 모여 파두의 다른 노래들을 부르는 기념비적인 세레나데로 시막을 알린

포르투의 대학 졸업생들이 리본 태우기 의식을 치르고 있다.

다. 이와 같은 연주회 때 학생들은 손뼉을 치는 게 아니라 책
가방을 흔들고 교수, 동기, 친구, 그리고 가족들의 서명이 빼곡
하게 들어 있는 리본들을 전부 펼쳐 보인다. 또한 이때 대개는
이들 리본과 책가방에 축복을 내리는 종교 의식도 펼쳐진다.
이후 교수들과 대학 생활을 풍자하는 촌극이 공연되고 행진
과 성대한 파티에 이어 콘서트가 열린다. 포르투와 코임브라에
서 리본 태우기 주간은 중요한 축제여서 관련 활동과 행사들

은 보통 해당 지역 신문의 1면에 실린다.

투우

이베리아 반도 전역에서 발견된 동굴 벽화를 보면 인간과 소의 제의적 관계는 선사시대까지 거슬러 올라간다. 군중 틈에 소를 풀어놓고 즐기는 풍습은 중세 시대의 여름 장터와 축제 때 시작됐다. 오늘날 볼 수 있는 마상馬上 투우의 기술은 16세기에 귀족을 위한 오락거리로 개발된 것이다. 이후 땅에 발을 딛고 하는 투우가 생겼고 결국 이러한 투우 전통이 대중에게 보급되었다. 포르투갈에서 투우는 대단히 중요한 문화다. 포르투갈 사람들은 예술 행위처럼 간주되는 것의 의식과 전통을 자랑스럽게 여기기에 '토레이루스toureiros', 즉 투우사들은 그 기술과 용맹함 때문에 영웅 대접을 받는다.

투우 철은 부활절 일요일을 기점으로 10월까지 줄곧 이어진다. 이 기간에 포르투갈 전역에서 거의 주말마다 코히다corrida('경주'라는 뜻)나 토이라다toirada('투우'라는 뜻의 남성명사로 같은 뜻의 여성명사는 'tourada')라는 이름으로 투우 경기가 열린다. 리스본에서는 여름철 내내 토요일 밤에 열리며 히바테주에서는 1주일간 이어지는 시골 장터 기간에 매일 열린다. 히바테주는 리스본 주의 남동부 지역으로 투우 전통이 가장 강하게 뿌리내리고 있어서 대부분의 소는 투우용으로 사육된다. 각 경기마다 6~8마리의 소들이 한 번에 한 마리씩 투입되는데, 한 마리당 대략 30분의 시간이 할당된다. 투우사들의 수는 1~4명에 이르기까지 다양한데 투우사마다 보통 2~3마리의 소를 상대한다. 경기에 참가한 투우사는 말을 타고 싸우거나 아니면 지면에서 싸우는데 절대 두 가지 방식을 병행할 수는 없다. 투우경기 자체가 땅을 밟고 하는 방식이나 말을 타고 벌이는 방식, 또는 이 두 가지를 하나로 변형해 만든 방식 중에서 한 가지로만 펼쳐질 수 있기 때문이다.

투우사들은 일련의 규칙을 엄격히 따른다. 투우사들은 각자 경기에 앞서 자신만의 의식을 치를 정도로 미신에 많이 의존한다. 경기가 시작되면 첫 대목에서 말을 탄 투우사들이 긴 창으로 소를 꼼짝 못하게 하는 광경이 펼쳐진다. 이에 반해 땅을 밟고 펼치는 경기에서는 마타도르*matador들이 붉은색 망토로 소를 이끌며 기술을 뽐낸다. 이어 다음 단계에서는 반데리

---

* 스페인어로 '살해자'라는 뜻으로 스페인 투우에서 소를 찔러 죽이는 주역 투우사를 말한다.—옮긴이

예로*banderilheiro들이 황소와 정면으로 맞서서 황소의 등에 작살을 꽂는다. 이어 다시 한 번 마타도르가 나타나 붉은 망토를 들고 춤을 추듯 움직이면서 경기를 끝낸다. 말을 타고 펼치는 투우 경기에서는 페가pega(포르투갈어로 '붙들기'를 뜻함)가 대미를 장식한다. 페가 단계에서는 8명의 포르카두forcado(포르투갈어로 '갈퀴'를 뜻함)가 말 그대로 맨손으로 황소의 뿔과 꼬리를 잡고 옴짝달싹 못하게 한다. 투우의 흥을 돋우기 위해 밴드가 파소도블레 같은 전통적인 투우사 행진곡을 반주한다. 밴드의 트럼펫 주자는 프로그램이 바뀔 때마다 이를 알리기 위해 일어서서 특정한 곡조를 연주해준다. 투우는 비위가 약한 사람들이 볼 만한 것이 못 된다. 하지만 투우장에서 갈채를 보내고 꽃이나 손수건은 물론이고 옷가지까지 던지며 열광적으로 감상하는 군중을 구경하는 것 자체도 즐겁고 흥미로운 오락거리다.

스페인과 달리 포르투갈에서는 소를 원형 경기장에서 죽이지 않는다. 매 회마다 투우를 마친 소는 소떼를 따라 도축장으로 간다. 현대에 와서 투우 전통을 지지하는 이들은 투우에 투입되는 소들은 용도에 맞게 특별하게 길러지고 살아 있는 동안 대우를 잘 받는다고 설명할 것이다. 하지만 요즘에는

---

* 투우의 등에 '긴 작살'을 뜻하는 반데리아를 꽂는 투우사—옮긴이

전통 의상을 입은 투우사들이 경기를 가늠하고 있다.

갈수록 더 많은 이들이 투우를 잔인하고 비인간적인 관습으로 여기며 중단해야 한다는 주장이 점차 거세지고 있다. 포르투갈에서 언제까지 투우가 계속될지 불확실한 상황에서 수세기 동안 전통처럼 이어 내려온 투우가 찬반 양쪽 모두에게 격한 감정을 불러일으킨다는 점만큼은 확실하다.

04

친구 사귀기

현지인을 만나고 싶으면 동네에 있는 가게를 이용하고 근처의 카페와 술집의 단골이 되자. 그러면 사람들이 연금을 일으키고 이는 익히기 시작할 것이니. 처음에는 자신이 헌신밥하고 어마섯거리가 됐다는 느낌이 들 수도 있지만 찜찜해할 필요는 없다. 포르투갈 사람들은 어떤 이에 대해 이러쿵저러쿵 이야기하고 있다는 사실을 숨기지 않고 그 사람의 면전에서 대놓고 해버린다. 계속해서 솔직하고 스스럼없이 행동한다면 그들의 점수를 딸 수 있을 것이다.

포르투갈 사람들에게 친교는 굉장히 폐쇄적이고 가족 중심적인 일이기 때문에 포르투갈에 처음 온 사람들은 이들이 무관심하고 쌀쌀맞다고 생각할 수 있다. 이들은 사람이든 상황이든 익숙지 않은 것을 경계하는 탓에 이방인을 맞을 때 어느 정도 주저하지만 그렇다고 기죽지는 말자. 이 책에 대강 기술한 한계선과 원칙들을 존중하는 법을 익혀서 이들의 사회에 수용되기만 하면, 평생 지속될 단단하고 헌신적인 친교를 맺게 될 것이다.

유대가 긴밀한 사회

포르투갈 사람들은 주로 어릴 때나 청소년기부터 알고 지낸 친척이나 가까운 친구들과 친하게 지내는 편이기 때문에 이방인을 의심하는 것처럼 보일 수 있다. 그러나 이들은 냉랭한 분위기가 깨지고 서로 숨길 게 없다는 확신이 들면 다정한 태도로 기꺼이 도와주려고 한다. 따라서 예의를 갖춰 제대로 접근하면 쉽게 마음을 얻을 수 있다.

　포르투갈에서 친교는 공들여 쌓아서 소중히 지키는 것으

로 친교를 위해 기꺼이 노력하고 있다는 것을 보여주기 위해서라도 정기적으로 만남을 이어가는 게 무엇보다 중요하다. 누군가와 직접 만났을 때나 전화로 이야기를 나눌 때 용건을 꺼내기 전에 그 사람과 그 사람 가족이 두루 안녕한지부터 묻는 게 중요하다. 포르투갈 사람들은 흔쾌히 들어주는 사람만 있으면 증상과 질환에다 의료 상담과 진단까지 아주 자세히 설명하는 것을 좋아하기 때문에 먼저 건강이 어떤지 물어보는 게 좋다.

포르투갈의 지역사회는 규모가 작고 독립된 사회다. 모두가 다 알고 지내는 사이라서 공통된 친구나 지인이 있으면 지역사회에 더 쉽게 자리 잡고 동화될 수 있다. 현지인을 만나고 싶으면 동네에 있는 가게를 이용하고 근처의 카페와 술집의 단골이 되자. 그러면 사람들이 얼굴을 알아보고 아는 척하기 시작할 것이다. 처음에는 자신이 관찰당하고 이야깃거리가 됐다는 느낌이 들 수도 있지만 찜찜해할 필요는 없다. 포르투갈 사람들은 어떤 이에 대해 이러쿵저러쿵 이야기하고 있다는 사실을 숨기지 않고 그 사람의 면전에서 대놓고 해버린다. 계속해서 솔직하고 스스럼없이 행동한다면 그들의 점수를 딸 수 있을 것이다. 뭐가 됐든 그들에게 필요할 때 도움의 손길을 내

미는 것 또한 그들의 일원이 될 수 있는 확실한 방법이다. 이 나라 사람들은 예의범절을 중요하게 여겨서 일정 수준의 친분이 쌓일 때까지는 존중의 표시로 서로에게 어느 정도 예의를 지킨다는 점을 잊지 말자.

집으로 초대하기

포르투갈 사람들은 집으로 초대하는 것을 즐긴다. 누군가 자기 사람이라고 생각되면 재빨리 그 사람을 초대한다. 이들은 자신이 속해 있는 지역사회와 가족의 전통을 자랑스럽게 여겨 집으로 초대된 이들이 그러한 유산을 함께 나누고 공감해주길 바란다. 그러니 음식을 차려주면 가족 대대로 내려오거나 전형적인 요리일 가능성이 크니 설령 맛이 없어 보여도 꼭 먹어봐야 한다. 집주인 입장에서는 초대된 손님이 환대받고 편안한 게 중요하니까 지나치게 격식을 차릴 필요는 없지만 평상복이라도 단정한 차림새로 가는 게 예의다.

또한 비록 진심 어린 우정과 공감에서 비롯된 초대라고 하더라도 보통은 답례해주기를 기대한다는 점을 명심하자. 반드시 며칠 안에 전화를 걸어 초대해줘서 고맙다고 말해야 한다. 이것은 그저 예의상 감사를 표하는 게 아니라 관계를 지속하고 싶다는 의지의 표현이기 때문이다.

선물 주기

누군가의 집에 방문할 때는 꼭 식구들 모두에게 인사를 해야 한다. 따라서 처음 초대받아 갈 때는 안주인에게 레드와인이나 초콜릿 또는 페이스트리나 꽃 같은 선물을 주는 게 관례다. (다만 꽃을 선물할 때 카네이션은 정치적 의미가 담겨 있으니 삼가도록 한다. 특히 붉은 카네이션은 1974년에 발발한 혁명적인 쿠데타를 상징한다.)

포르투갈에는 "내 자식에게 잘하는 이를 보면 입맛이 산다."는 속담이 있다. 따라서 어떤 선물을 가져가야 할지 잘 모를 때 그 집에 어린 아이들이 있다면 아이들 선물을 가져가는 것도 좋은 방법이다.

스포츠 클럽

포르투갈은 아주 온화한 기후 덕분에 골프나 테니스 또는 요트 타기 같은 해양 스포츠나 야외 스포츠를 즐기기에 더할 나위 없이 좋다. 누군가 이런 스포츠 활동을 한다면 보통 주말에 클럽에서 온 가족이 만나 점심을 먹거나 하루를 보낸다. 같은 클럽의 회원이면 공통의 관심사가 있다는 뜻이므로 가족 간의 정이 더욱 돈독해진다. 스포츠 클럽에서 사람들은 좀 더 쉽고 편하게 낯선 이들과 어울리는 편이다. 클럽과 체육관에 다니려면 대개 한 달이나 1년 단위로 회원권을 구입해야 한다.

최근 몇 년 전부터 포르투갈의 해안 근처에 사는 이들에게 서핑과 카이트서핑(큰 연에 매달려 파도를 타는 수상 스포츠)이 각광을 받으면서 전 연령대에서 고르게 엄청난 인기를 끌고 있다. 직장인들이 점심시간을 이용해 서핑 교육을 받은 뒤 자동차에서 서핑복을 갈아입고 다시 회사에 가는 모습을 심심찮게 볼 수 있다. 대다수 서핑 교습소가 해변에 시설을 갖춰놓고 있어서 서핑을 손쉽게 배울 수 있을 뿐만 아니라 사람들을 만나고 친구를 사귀기에도 안성맞춤이다. 학교나 집을 오가야 하는 어린이들에게는 서틀을 제공해주고 있어서 최적의 방과후 활

연습 중인 예비 서퍼들(왼쪽에서 두 번째 사람은 갈 길이 멀어 보인다!)

동으로도 손색이 없다.

최근에 포르투갈에서 유행하면서 좋은 사회 활동의 장이 돼주고 있는 또 다른 스포츠로는 패들테니스를 꼽을 수 있다. 테니스와 비슷한 이 운동은 네 명이서 테니스 코트보다 작은 곳에서 경기를 펼치는 게 특징이다. 인기가 높아지자 대다수 테니스 클럽에 패들테니스 코트가 생겼고 전국에 패들테니스장이 우후죽순처럼 늘어났다. 일반적으로 패들테니스 대회나 시합은 초급부터 고급까지 누구에게나 열려 있기 때문에 참가하기 위해 프로 선수가 될 필요는 없다. 또한 잘 치지 못해도 충분히 즐길 수 있는 운동이니 운동 능력이 높아지지 않아도 새로운 사람들을 만나는 게 좋은 이들은 패들테니스장을 찾아보라.

국외 거주자 클럽

포르투갈 문화에 섞여 들어 속속들이 알아가려면 현지인들과 어울리는 게 가장 좋다. 그러나 국적과 문화적 배경이 같은 이들과 교류하는 것 또한 매우 가치 있을 수 있다. 포르투갈에서 아주 오랫동안 머무를 계획을 하고 있는 사람이라면 특히 더 그렇다.

　대도시에는 유익하고 실질적인 정보를 제공하고 정착을 도와주는 수많은 국외 거주자 클럽이 존재한다. 포르투에는 포트 와인 사업이 번창하면서 상당한 규모의 영국인 공동체가 생겨났다. 그 외에도 리스본 바로 서쪽에 자리한 아름다운 에스토릴 해안가와 알가르브에는 독일, 네덜란드, 남아프리카에서 온 많은 이민자들이 정착해 살고 있다. 국외 거주자 클럽에 관한 정보를 얻으려면 영사관이나 대사관뿐만 아니라 페이스

· 영자 신문 ·

포르투갈에서는 2개의 영자 신문이 발행된다. <포르투갈 뉴스(Portugal News)>는 전국적으로 보도되고 배포되는 주간지로 온라인 판(www.theportugalnews.com)도 제공하고 있다. <포르투갈 레지던트(Portugal Resident)>는 온라인 일간지(www.portugalresident.com)로 알가르브와 이보다 규모가 큰 리스본과 마데이라 지역을 집중적으로 다루는 3개의 지역 주간지도 발행한다. 이 외에도 주요 국제 신문과 잡지들도 폭넓게 접할 수 있다.

북 같은 온라인을 최대한 활용하라.

예의범절과 관련된 행동 수칙

대부분은 외국인 방문객이 자신도 모르게 저지르는 무례를 눈감아줄 테지만 현지인에게 좋은 인상을 주고 싶다면 다음과 같은 예의범절을 기억해둘 필요가 있다.

- 공공장소에서 기지개를 펴거나 큰 대자로 눕지 않도록 하고 가구 상단에 발을 올려놓아서는 안 된다.
- 같은 무리에 있는 사람에게 등을 돌리면 안 된다. 피치 못할 사정 때문에 등을 돌려야 할 때는 미리 양해를 구해야 한다.
- 식탁에서 칼은 항상 오른손 위치에 놓고 음식은 포크가 있는 쪽으로 밀어서 왼쪽에 자리하게 해야 한다. 먼저 음식을 자른 다음 포크만을 이용해 먹는 북아메리카 방식은 결례로 간주된다.
- 식사할 때 되도록 바른 자세를 유지한다. 양손은 식탁 위로 내놓고 있고 냅킨은 무릎 위에 두도록 한다.
- 갑각류를 먹을 때 손가락을 쓸 수는 있지만 빠는 행위는 금물!
- 손으로 집어먹어도 되는 음식인지 아닌지 잘 모를 때는 집 주인을 보고 따라한다.
- 식사를 마치면 포크와 나이프를 접시 위에 나란히 놓아둔다.
- 과거 포르투갈에서는 흡연이 아주 흔했다. 하지만 2014년에 민흡연법이 통과되면서 모든 술집과 식당은 물론 나이

트클럽에서도 담배를 피우는 행위는 불법이다. 이와 더불어 담배세까지 꾸준히 오르면서 많은 사람들이 담배를 끊었다. 그 사이에 전자담배류가 인기를 끌게 되었다. 아직까지 전자담배 사용을 규제하는 특별법은 없지만 일반 담배와 마찬가지로 밀폐된 공공장소나 어린이들 근처에서는 피우지 않아야 한다는 점에 대해서는 이견이 없다.

05

가정생활

포르투갈 사람들의 삶은 커피의 힘으로 지탱된다. 가정에서나 직장에서나 혹은 카페에서나 커피 마시는 시간을 내기 위해서라면 어떤 핑계를 대도 괜찮다. 그래서 이곳 사람들은 하루에 대여섯 번씩 커피 마시는 시간을 갖는다. 물론 진한 커피가 익숙하지 않은 이들에게는 권할 만한 게 못 된다! 카페가 텅 비는 일은 결코 없어서 아침과 점심 때는 소음 때문에 정상적인 대화가 불가능할 정도다.

포르투갈의 주거

주요 도시에 거주하는 포르투갈 사람들은 대부분 아파트에 산다. 아파트 종류는 대규모 아파트 단지의 평범한 방 2개에 욕실 1개짜리부터 공용 정원과 풀장이 딸린 고급 아파트촌의 널찍한 방 5개짜리까지 다양하다. 도심지에서 벗어나면 1층에 테라스와 정원이 갖춰진 타운하우스와 빌라촌도 점차 많아지는 추세다. 포르투갈의 임대차 법은 집주인에 비해 세입자에게 훨씬 유리해서 형편이 어려운 세입자를 내쫓으려면 집주인이 엄두를 못 낼 만큼 절차가 복잡하고 시간도 오래 걸렸다. 이 때문에 대부분의 집은 세를 주기보다 집주인이 들어가 살았다. 그러나 2012년에 집주인이 임대 계약을 갱신하고 쉽게 퇴거 절차를 밟을 수 있게 도시 임대차법이 수정되면서 임대 시장이 새롭고 아주 역동적으로 바뀌었다. 게다가 유럽의 경제 위기로 모기지 대출이 없어지면서 많은 포르투갈 사람들이 집을 사는 대신 세를 얻을 수밖에 없었다.

이와 더불어 정부 또한 외국 투자를 끌어 모으고 자산 쇄신을 장려하기 위해 세금 혜택을 시행했다(골든 비자 발급, 비非상무사 세금 세도, 도시 새생 우대 대책 등). 이 덕분에 부동산 시장이 그게 활성화되면서 임대 부문이 특수를 누렸다. 리스본과 포르투에서 관광산업이 엄청나게 성장한데다 이러한 조치까지 이어지자 도심지에서 도시 재생의 물결이 일고 부동산 시장에 단기 임대라는 새로운 유행이·휘몰아쳤다. 그 결과 부동산 가

리스본 도심의 전통적인 공동주택

격이 급등하면서 저임금을 받는 포르투갈 젊은이들의 집세 부담이 커지자 시내 중심지에 자가를 마련하려는 젊은이들 사이에서는 돈을 아끼기 위해 친구들과 여럿이서 함께 사는 사례가 많아졌다.

아파트와 주택에 대한 만족도와 선호도는 연령대별로 다르다. 포르투갈의 주요 도시를 개조하고 쇄신하려는 국내외 투자처의 관심에 따라 외풍이 들어오고 불편하지만 멋스럽고 예스러운 건물들이 양질의 자재와 중앙난방처럼 현대식 편의시설을 갖춘 편안한 거주지로 탈바꿈했다. 건물에 쓰이는 자재는 지역에 따라 다르다. 북부 지역에는 주로 돌과 나무로 지은 각진 집들이 많은 반면 남부 지역은 무어인의 건축물처럼 둥근 모양에 회반죽을 바른 주택들이 흔하다. 파란색과 흰색이 들어간 포르투갈의 전통 타일은 전국에서 욕실과 부엌용으로 널리 쓰인다. 요즘 새로 집을 지을 때는 더욱 살기 편하면서 현대적이고 단순하며 간결한 방식을 따라 최신의 자재를 쓰고 중앙난방과 고품질의 단열재를 장착한다.

도심지는 비좁고 붐비는 탓에 많은 사람들이 시골이나 해안가에 주말 및 휴가용 별장을 마련한다. 그 형태는 도시의 좁은 아파트에서 벗어나게 해줄 대지가 딸린 넌찌한 집부터 이

북서부 엔트르 도루 이 미뉴 지역의 카바두 강가에 자리한 시골 주택

보다 훨씬 작지만 바다가 보이고 해변이 가까운 해안가의 집까지 다양하다. 대안은 없으나 일 때문에 도시로 온 이들은 고향에 내려가 일가친척과 주말이나 휴가를 같이 보낼 수도 있다.

이렇게 갈 데가 있는 이들이 틈만 나면 도시를 탈출하려는 탓에 주말은 물론이고 특히 공휴일이나 불볕더위가 기승을 부리는 여름에는 교통이 혼잡하니 유의하자.

가사

포르투갈에서 전업주부는 '도나 드 카사dona de casa', 직역하면 '가정의 주인 또는 안주인'이다. 전통적으로 아버지를 가장으로 쳐주었으나 가정을 이끌고 가사 전반을 책임지는데다 종종 일까지 하는 이는 바로 어머니였다. 평등의식이 커지고 여성들이 일터에서 필수 인력이 된 덕분에 남녀가 공평하게 가사를 분담하고 가족을 부양하는 사례가 늘어났다. 부모 모두가 자녀들의 삶에 적극적인 역할을 하고 가족과 관련된 일로 결정을 내려야 할 때에는 구성원 모두가 발언권을 행사한다.

오늘날 포르투갈 여성들이 가사에 쏟는 시간은 과거 세대에 비해 월등히 줄어들었다. 그럼에도 여전히 집안 가꾸기에 아주 열성이라서 으레 티끌 하나 없이 잘 정리해놓는 편이다. 남의 집에 가도 그 집이 깨끗하게 정리됐는지 신경 쓰고 기대에 못 미치면 꼭 면전이 아니더라도 지적하고 넘어갈 것이다. 끼니는 보통 그날그날 즉석에서 바로 요리해 먹는다. 뭐든 미리 준비해두거나 냉동해두는 것을 못마땅하게 여기기 때문이다.

포르투갈 사람들의 일상적인 식습관은 지역마다 다르다. 하지만 대부분 수프를 제일 먼저 먹고 뒤이어 육류나 생선 또는 가금류 요리를 밥이나 감자와 곁들여 먹고 디저트로는 과일을 먹는다. 포르투갈의 신선 식품은 품질이 우수해서 준비할 게 별로 없지만 포르투갈 사람들은 올리브 기름이나 토마토 소스로 뭉근히 끓여낸 푸짐한 요리를 좋아한다.

아침과 저녁 식사는 가족 행사나 다름없어 가능할 때마다 모두 함께 모여서 먹는다. 아침은 보통 빵과 커피와 우유로 간단히 먹는 반면 저녁은 가족에게 하루 중 가장 중요한 식사이기 때문에 푸짐하게 먹는다. 북부 지역에서는 많은 가정이 학교나 직장에서 점심을 먹으러 집으로 온다. 하지만 남부 쪽에

• 여자 친인척 •

신혼부부는 신혼여행을 다녀와 신접살림을 차리면 양가 식구들을 대접해야 한다. 한 번에 가족 모두를 부르든 몇 명씩 나눠서 초대하든, 새댁은 임기응변을 발휘해야 하며 여자 친인척들이 눈에 불을 켜고 살필 것을 각오해야 한다. 그들은 신혼집을 빠짐없이 둘러봐야 하기 때문에 아마도 서랍장, 옷장, 찬장 등을 샅샅이 검사하고 살펴볼 것이다!

가까운 지역일수록 이런 일이 드물다. 직장에 다니는 부모들은 대개 퇴근하면서 장을 봐와 식사를 차리다 보니 8시경에 저녁을 먹는다. 아기들은 보통 일찍 저녁을 먹으므로 아기가 있는 가정에서는 아기를 먼저 재우고 난 뒤 부모들이 식사를 한다. 아이들과 남편은 집안일을 거의 거들지 않는다. 그러나 여성의 직장 내 역할이 커짐에 따라 요리와 청소에 할애할 시간이 줄어들면서 이런 모습은 바뀌고 있다.

쇼핑

1990년대 초반에 쇼핑센터가 크게 유행하면서 대형 슈퍼마켓이 대세가 되었다. 대체로 쇼핑몰에 들어서 있는 이런 대형 슈퍼마켓에는 먹거리와 가정 용품에서 의류와 스포츠 용품까지 없는 게 없다. 이들 가게는 가격이 싸고 늦게까지 영업하기(보통 오전 9시부터 밤 10시) 때문에 밤이나 주말에 한 달 치나 일주일 치를 쇼핑할 수 있어서 인기가 높다.

그러나 아직도 신선식품과 매일 사용하는 기본 식료품을 실 때는 동네 가게를 이용한다. 빵은 보통 매일 아침 빵집에서

카스카이스 시장에서 주민들이 농산물을 구입하고 있다.

구입한다. 과일과 채소는 동네의 작은 식료품점인 메르세아리 아 아니면 월요일만 빼고 매일 오전 8시부터 오후 1시까지 열 리는 공설 시장인 메르카두를 이용한다. 대다수 지자체에서는 일주일에 한 번 이른 아침부터 점심 때까지 노천 시장인 페이 라feira가 열린다. 여기서는 집시와 상인들이 옷가지나 액세서리 와 주방 기구는 물론 갓 구운 빵이나 과자와 신선 식품 등을 판다. 동네마다 약국이 최소한 하나씩 있으며 이들 약국은 일 주일마다 교대로 24시간 영업을 한다. 그 주의 야간 영업점의 이름과 주소는 모든 약국의 창문에 붙어 있다. 작은 가게와 약국은 오전 9시경에 문을 열어 저녁 6~7시쯤에 마치며 점심 시간에 2시간 동안 문을 닫는다. 은행 업무 시간은 보통 오전 8시 30분부터 오후 3시까지다. 그러나 일부 지점은 오전 10시에 시작해 오후 5시에 끝난다. 입금과 출금뿐만 아니라 과금 납부와 송금은 물론 기차표까지 구입할 수 있는 현금자동인출 기^multibanco(물티반쿠)가 널리 보급돼있다.

돈

최근 몇 년 전부터 포르투갈에서도 온라인 쇼핑이 큰 인기를 끌면서 의류와 가정용품부터 슈퍼마켓에서 파는 식료품에 이르기까지 모든 것들을 집으로 배송시킨다. 대체로 노인층은 여전히 소액용 현금을 가지고 다니는 데 반해 젊은층은 현금을 아예 들고 다니지 않고 거의 전적으로 전자 결제 방식을 즐겨 쓰는 편이다. 포르투갈 사람들이 많이 쓰는 결제 앱은 엠비웨이^MB WAY다(MB는 'multibanco[현금지급기]'를 뜻한다). 이 휴대전화 앱은 물건을 구입할 때뿐 아니라 송금할 때도 쓸 수 있다. 또한 시비스 이용료를 지불하고 현금자동지급기에서 현금을 인출할 수 있는 암호를 만들면 부모들이 멀리 사는 자식들에게 편리하게 돈을 보내줄 수 있다. 포르투갈에서는 이제 거액이 오가는 아주 특수한 상황을 제외하고는 수표를 쓸 일이 거의 없어졌다.

일상

포르투갈 가정의 일상은 대체로 오전 8시경에 가족끼리 아침 식사를 하는 것으로 시작된다. 이후 부모는 아이들을 학교에 데려다주고 출근한다. 근무 중에 여러 차례 휴식 시간이 있다. 사무실에 출근하자마자 맞는 첫 번째 휴식 시간은 보통 동료들과 근처 카페에서 왁자지껄하게 보낸다. 이후 대개 오전 나절에 또 한 번 커피를 마신 뒤 오후 1시경에 대략 1시간 30분 동안 점심시간을 갖는다. 다시 오후 중반쯤 한 차례 휴식 시간을 갖고 5시 30분에서 7시 사이에 하루를 마감한다. 그렇지만 시간을 정확히 지키는 것은 포르투갈인의 미덕이 아님을 알아둬야 한다. 이 나라 사람들은 대체로 근무 시간을 신축성 있게 잡는 편이라서 예상보다 늦게 시작하고 마감한다.

일단 근무가 끝나면 대부분의 사람들이 집으로 향한다. 밤 9시경까지 햇빛이 이어지는 여름철에는 하루가 끝날 무렵 종종 산책로에 삼삼오오 모여 술을 마시러 가거나 아이들을 데리고 공원이나 해변을 갈 수도 있다.

많은 도심지들이 해안에 자리하고 있고 해안가는 여가 활동에 필요한 게 잘 갖춰져 있기 때문에 저녁 식사 전후로 밖에 나와 자전거를 타거나 산책을 하면서 초저녁을 즐기는 가족을 많이 볼 수 있다. 포르투갈 사람들은 어울려 지내고 외출하는 것을 좋아하기 때문에, 식당과 술집은 아주 이르다 싶은 수요일이나 목요일부터 손님으로 북적거려서 자정이 훨씬 지난 시간까지 영업을 한다.

카페 문화

포르투갈에서는 커피를 마시는 시간을 내기 위해서라면 어떤 핑계를 대도 괜찮다. 이 나라에서는 하루를 열정적으로 살아내려면 대여섯 잔의 커피를 마셔야 하기 때문이다. 포르투갈 사람들에게는 기경에서든 직장에서든 혹은 카페에서든 커피

포르투의 카페에서 커피와 케이크를 먹고 있는 친구들

를 마시는 것이 삶의 큰 낙이다. 그렇다보니 대부분의 카페는 하루 종일 북적거리고 아침 식사 시간과 점심시간에는 소음 때문에 정상적인 대화가 불가능할 지경이다. 일반적으로 포르투갈에서 마시는 커피는 월등한 맛을 뽐낸다. 대표적인 커피 브랜드로는 니콜라, 토리에, 시칼, 델타 등이 있는데, 그중에서도 시칼과 델타의 시장 점유율이 단연코 가장 높다. 이들 커피 회사는 아프리카와 남아메리카에서 원두를 수입한 뒤 국내에서 커피를 제조한다. 부온디, 세가프레도, 라바짜 같은 외국 브랜드 또한 폭넓게 이용할 수 있으며 대다수 가정에도 네스프레소나 다른 슈퍼마켓 상품의 캡슐 커피 기계가 있다.

포르투갈에서 커피를 주문할 때는 다음과 같은 몇 가지 사항을 명심하자. 카페에서 커피를 주문하면 작은 도자기 컵에 담긴 에스프레소 레귤러가 나오지만 현지인이 각자의 기호대로 주문할 때 쓰는 용어가 아주 많다. 가령, 리스본에서 '비카beca'는 일반 커피(에스프레소)를 주문할 때 쓰는 말인 반면 북부 지역에 사는 이들은 많은 가정에서 쓰는 이탈리아 브랜드의 에스프레소 기계 심발리Cimbali에서 유래된 '심발리누cimbalino'라고 말한다.

(말 그대로 '짧은 컵에 담아주는 커피'를 뜻하는) '카페 쿠르투café curto'는 일반 커피보다 양을 적게 달라는 뜻이고 '이탈리아나italiana'는 훨씬 더 적은 양의 커피로 굉장히 농축된 상태로 사실상 커피 한 모금밖에 안 된다. ('긴 컵에 담아주는 커피'라는 뜻의) '카페 콤프리두café comprido'는 컵 테두리까지 거의 꽉 차게 커피를 담아주는 것으로 '가득 찬 커피'를 뜻하는 '카페 셰이우café cheio'라고 부르기도 한다.

그다음으로는 원두에 살짝 물이 첨가됐기 때문에 좀 더 연한 '카리오카carioca'가 있다. 이 커피는 원두에서 정상대로 커피를 뽑은 다음 같은 원두를 다시 한 번 추출해서 만든 것이다.

또한 북부 지역 사람들이 '핑구pingo'라고 부르는 커피도 있다. '핑구'는 직역하면 '한 방울'이라는 뜻으로 일반 커피에 우유 한 방울을 넣은 것을 말한다. 리스본에서는 이 커피를 '가로투garoto(직역하면 '작은 소년'을 말함)'라고 부른다.

포르투갈식 카페오레에는 긴 유리잔에 나오는 '갈랑galão'과 머그잔에 나오는 '우유 절반'이라는 뜻의 '메이아 드 레이트meia de leite'가 있다. 그러나 외국인은 이런 복잡한 '외계어'에 멈칫할 필요가 없다! 그냥 '카페' 달라고 말하면 일반 커피(에스프레소 레귤러)를 줄 것이다. 만약 전통 카페오레를 마시고 싶으면 '카페 콩 레이트café com leite'를 주문하면 된다. 지금까지 말한 다양한 커피들은 모두 카페인이 없는, 포르투갈어로는 '데스카페이나두descafeinado'로도 즐길 수 있다.

텔레비전

포르투갈에서 텔레비전의 인기는 굉장히 높아 사람이 집에 있는 한 TV도 내내 켜놓고 있을 때가 많다. 가장 많이 보는 프로그램은 뉴스와 국내 및 브라질의 인기 드라마, 그리고 리얼

리티 쇼다. 연속극(노벨라)은 축구 생중계와 〈더 보이스$^{The Voice}$〉 같은 오디션 프로그램과 시청률을 다툰다. 이들 프로그램은 모두 충실한 시청층을 확보하고 있고 아침에 카페에서 오가는 대화의 단골 소재이기도 하다. 그 외에도 포르투갈에서는 다양한 국제 방송을 시청하고 디지털 스트리밍 서비스를 이용할 수 있다. 두 가지 모두 포르투갈의 주요 인터넷 기업들(Meo, Nos, Vodafone)이 공급하고 있다. 텔레비전 및 인터넷과 관련해 더 많은 정보를 알고 싶다면 9장을 참조하라.

아이들

아이들은 가정의 중심 인물로 어릴 때부터 부모와 늘 함께 다닌다. 식당과 호텔부터 쇼핑몰은 물론이고 심지어 사무실까지 갈 때도 있다. 그러나 포르투갈 사회의 다른 모든 것과 마찬가지로 자녀 교육 또한 떠들썩하고 모순적이다. 사람들이 있는 데서 어른이 아이를 큰 소리로 꾸짖고 어느 순간 엉덩이를 때리는가 싶다가도 곧바로 격렬하게 껴안고 숨이 막힐 정도로 기스를 퍼붓는 경민을 목격할 수도 있다. 아이들은 예의범절

을 잘 지켜야 하지만 물질적인 것으로 보상받으면 금방 버릇이 나빠지기 쉽다.

오늘날 포르투갈에서는 부모 모두가 아이 양육에 참여하는 것이 일반적이지만 부모 대행자로 여겨져 아이들에 대한 전권을 쥐고 있는 조부모의 도움을 받을 일도 종종 있을 것이다. 그러나 엄마들이 극성스러울 정도로 자식들을 끼고 도는 편이라 다른 아이나 어른들이 자기 자식에게 조금이라도 해코지를 한다면 결코 참지 못할 것이다. 아이가 4개월 때부터 공립 보육시설을 이용할 수 있으나 여건이 가능한 가정의 부모들은 아이가 세 살이 되어 유치원에 들어갈 수 있을 때까지 집에서 가족 구성원이나 도우미가 돌보는 쪽을 선호한다.

다른 나라들도 그렇듯이 고학력의 중산층이 늘어나면서 가정에서도 변화가 감돌면서 부모들은 청소년기 자녀들에게 좀 더 개방적이고 현실적인 태도를 취한다. 다만 딸아이들은 여전히 '평판'을 잃지 않도록 신경을 써야 한다. 학교에서는 8학년 때부터 성교육을 실시하고 가정에서도 성생활과 성을 논의하는 것에 대해 점차 개방적인 태도를 취하고 있는데도 여전히 많은 부모들이 성을 입에 올리는 것을 불편해한다.

과거에는 자녀들이 결혼을 해야지 집을 떠났다. 하지만 요즘에는 대학을 다니기 위해 집을 떠나는 청소년이 많아졌다. 이에 더해 전문직 젊은이들이 정착해서 가정을 꾸리기 전에 자취를 하며 직장 생활에 전념하는 편을 더 좋아한다. 혼외 동거를 받아들이는 분위기가 널리 확산되었다. 그 결과 포르투갈의 평균 결혼 연령대는 꾸준히 높아졌고 2021년에 이르러 남자는 평균적으로 39세에, 여자 36.5세에 결혼하는 것으로 나타났다(국립통계소 조사 결과).

교육

과거 포르투갈의 교육 제도는 유럽의 다른 나라들에 비해 수준이 낮았으며 포르투갈 학생들은 자주 유급을 하고 중고등 과정을 수년이 넘도록 질질 끌곤 했다. 그러나 최근 수십 년 동안 이런 문제가 개선되면서 중등교육과 대학교육이 눈에 띄게 변했다.

6살부터 18살까지의 아이들은 의무적으로 학교에 다녀야 한다. 물론 많은 아이들이 3살이나 그 이전부터 유치원에 다닌다. (15살 이상) 중등과정 또한 의무교육이다. 공립학교 수업료는 자산 조사 결과 방식으로 세대의 수입에 따라 다르게 책정된다. 학비만 감당할 수 있다면 보낼 만한 사립학교와 국제학교 또한 아주 많다.

학년은 9월에 시작해 6월에 끝나며 보통 하루 수업 시간은 긴 편이다. 대개 아침 8시 30분에서 9시 사이에 수업을 시작해서 오후 4시나 5시에 끝난다. 수업이 끝난 후에는 많은 아이들이 다양한 특별활동에 참여한다.

포르투갈에는 여러 공업기술 학교뿐만 아니라 수많은 국립 및 사립 대학교들이 있다. 고등교육 기관에 지원하는 학생

코임브라대학교 학생들. 1290년에 설립된 코임브라대학교는
세계에서 가장 오래된 학교 중 하나로 유네스코 세계유산으로 지정되었다.

들은 전국(공립기관용) 단위나 지역(사립기관용) 단위의 입학시험을
통과해야 한다. 학생 집단 중에서 고등교육까지 연이어 이수
하는 비율이 채 20%가 안 되지만 포르투갈 정부는 '포르투갈
2020 프로그램'을 통해 이러한 수치를 현저히 높이기 위한 장
려책을 마련하는 데 전념해왔다. 해당 연도에만 대략 4만 건의
장학금이 수여되었고 등록자 수도 지속적으로 늘어나고 있다.

관료주의

포르투갈에서는 한때 가장 기본적인 공문서를 발급받는 것조차도 굉장히 오래 걸리고 절차가 번잡했다. 기입해야 할 항목이 끝이 없었고 수많은 복사물과 사진이 필요해서 최종 서류를 받기 전까지 오래 기다리는 게 다반사였다. 사람들은 이와 같이 복잡하고 답답한 관료주의적 절차에 대해 불평하기 바쁘지만 정작 그와 관련해서는 아무것도 하지 않고 때로는 2시간의 기다림을 사무실로 복귀하지 않는 핑계로 이용하기도 한다. 비록 다른 관공서에서는 여전히 오랫동안 기다릴 가능성이 있지만 여권이나 운전면허증 발급 같은 특정한 단순 업무를 위해 정부에서는 대부분의 대도시에 '원스톱 숍^{one-stop shop}'을 열었다. 직역하여 '시민의 가게'라는 뜻의 이와 같은 '로자스 두 시다당^{Lojas do Cidadão}'은 대개 업무를 굉장히 빠르게 처리한다. 또한 이제는 온라인에서도 여러 관공서 업무를 볼 수 있는데, 상대적으로 간편하고 효율적인 웹사이트에서 세금부터 사회보장 연금에 이르는 모든 업무를 처리할 수 있다. 그러나 이러한 서비스도 대부분 포르투갈어로만 이용할 수 있기 때문에 많은 양식을 작성하고 필요한 모든 정보가 전달될 때까지 한 번

이상 다시 할 각오를 해야 한다. 무엇보다 인내심을 갖고 기다리는 게 중요하지만 도와줄 현지인 친구를 구할 수만 있다면 그 편이 훨씬 더 낫다.

군 복무

2004년까지 포르투갈 국민은 의무적으로 군대에 가야 했지만 그 이후부터는 완전히 직업군인제로 바뀌었다. 요즘 젊은이들

리스본에 있는 포르투갈 대통령 관서 벨렘 궁신에서 교대식을 벌이는 근위대

은 더 이상 의무적으로 군사 훈련을 받아야 하는 것은 아니지만 자원 입대자가 부족할 때는 남녀 모두를 징병한다. 남자들은 18세가 되면 국방부에서 개최하는 국방의 날 소집 통보를 받고 꼬박 하루 동안 국방 설명회에 참여해야 한다.

06

여가생활

포르투갈에서 가장 인기 있는 스포츠는 당연히 축구다. 주요 팀끼리 경기가 열리면 모두가 경기장이나 텔레비전으로 경기를 관람하고 경기가 끝나면 이긴 팀의 팬들이 거리로 쏟아져 나와 승리를 축하하느라 나라 전체가 마비된다. 사람들은 저마다 소속팀의 맹목적인 열혈 팬이지만 영국에서 목격되는 것처럼 폭력 사태로 비화되는 경우는 극히 드물다. 축구 팬들이 서로를 도발해서 작은 충돌이 일어날 때도 있겠지만, 그러한 상황도 보통은 경찰이 개입할 필요도 없이 진정되곤 한다.

포르투갈 사람들은 가족 모임과 사교 행사를 위해 산다고 해도 과언이 아니다. 틈만 나면 가족과 친구들을 만날 기회를 잡고 만끽한다. 먹는 일에도 아주 진심이라서 지역의 별미를 맛보기 위해서 기꺼이 하루나 주말을 할애해 여행을 떠나곤 한다. 사교 모임에서도 음식이 중요한 역할을 차지할 때가 많다. 일반적으로 함께 밥을 먹는 일은 아주 사교적인 행사에 속한다. 따라서 그런 자리에서는 맛있게 음식을 먹는 것 못지않게 경험과 대화를 나누는 게 중요하다.

포르투갈 사람들은 유행에 민감하고 행사에 갈 때 잘 차려입고 가는 것을 좋아한다. 특히 외모에 신경을 많이 쓰는 여성들이라면 최신 유행에 맞게 잘 차려 입을 것이다. 그저 집 앞에 있는 가게에 가는 길이라고 해서 차려입지 말란 법은 없다! 정말이지 이런 사람들은 운동하러 갈 때에도 공들여 치장할 것이다. 관광객들은 이런 점을 감안해 짐을 꾸려야 한다.

음식

포르투갈의 음식은 역사의 전통이 깊다. 무어인이 실던 시대부터 관개 기술과 원예 기술이 발달해 올리브 숲과 포도밭이 생성되면서 포르투갈 음식에 중요한 재료들이 풍부하다. 바스쿠 다 가마가 극동 지역으로 가는 항로를 발견하면서 갖가지 양념이 들어와 지금까지도 포르투갈의 모든 주방에는 고수와 고추 또는 파프리카 같은 주요 양념이 비치돼 있다. 아프리카와 남아메리카를 탐험하면서 모든 음식에 없어서는 안 되는 고추, 감자, 채소, 과일, 커피 등이 들어왔다.

【 해산물 】

대서양의 수온이 낮은 덕분에 해산물이 풍부해서 포르투갈의 생선과 조개류는 세계에게 제일 맛있기로 유명하다. 가격도 적당하면서 가장 많이 먹는 생선 중 하나는 정어리다. 그래서 여름 내내 바비큐에 정어리를 굽는 냄새와 풍경이 끊이지 않으며 인기 있는 성인의 날에는 꼭 정어리 요리를 먹는다. 그릴에 구운 정어리는 올리브 기름만 뿌려서 먹거나 갓 구운 빵 위에 얹어서 찐 감자와 양념해 구운 고추를 곁들여 먹는다.

소금에 절여 말린 대구는 모든 포르투갈 가정에서 일주일에 여러 번 정기적으로 먹는다. 대구(바칼라우) 요리법은 무궁무진해서 대다수의 가정에는 대대로 전해내려 온 그 집안만의

구운 정어리에 마늘과 생레몬을 고명으로 얹어 신선한 토마토 샐러드를 곁들여 내놓는다.

애용하는 요리법이 있다.

조개류 또한 인기가 많아 속을 채운 게 요리, 뜨겁거나 차갑게 먹는 홍합 요리(메실룡이스), 그리고 언제나 마늘과 신선한 고수를 듬뿍 넣어 다양한 방법으로 뭉근히 끓여낸 조개 요리 (아메이고어스) 등을 즐겨 먹는다. 또한 벌미고 봄에민 믹을 수 있는 미뉴 지역산 칠성장어(람프레이아)처럼 민물 생선 또한 많다. 좀 더 수온이 높은 아조레스와 마데이라 제도의 바다에서는 참치로 대표되는 온갖 신선한 생선뿐만 아니라 바위에 붙어 있는 갑각류인 라파스 같은 고유 어종의 해산물이 나온다.

【육류 요리】

포르투갈 사람들은 육류, 가금류, 엽조류를 아주 좋아해서 각 지역의 전통에 따라 다양한 조리법으로 요리해서 먹는다. 훈제 햄(프레준투)과 양념한 소시지(쇼리수)는 어느 곳에서나 먹을 수 있다. 북부 지역에서는 훈제 돼지고기와 다양한 소시지 및 양 요리 외에도 구운 양고기와 젖먹이 새끼 돼지 요리처럼 한층 색다른 별미를 즐길 수 있다. 밀과 함께 올리브 나무와 코르크참나무가 많아서 돼지들이 즐겨먹는 호두와 송로가 나오는 알렌테주에서는 돼지고기 또한 즐겨 먹는다.

전국적으로 각 지역마다 고유한 방식으로 콩과 갖가지의 생고기나 훈제 고기를 넣어 뭉근히 끓인 영양이 풍부하고 향이 좋은 요리, 파바스와 페이조아다를 만들어 먹는다. 또한 소고기와 돼지고기를 각종 채소 및 허브와 함께 냄비에 넣고 끓이는 요리로 이 역시 각 지역마다 고유의 풍미가 가미된 코지

두 아 포르투구에자도 있다. 아조레스와 마데이라 제도는 1년 내내 온화한 기후 덕분에 소를 놓아 먹이고 다양한 열대 과일과 채소들이 자라기에 최적의 조건을 자랑한다. 소고기는 육질이 부드럽고 품질이 우수하며 이 지역에서 나는 얌과 옥수수 빵은 매끼 빠지지 않고 먹는 음식이다.

• 가짜 돼지고기 소시지 •

주로 트라스 우스 몽테스 지역에서 생산되는 포르투갈의 별미 가운데 하나인 알례이라는 훈제 소시지를 기름에 튀기거나 오븐에 구워 잎이 많은 푸른 채소와 집에서 만든 튀김 그리고 달걀 프라이를 곁들여 내는 요리로 전혀 가벼운 식사가 아니다! 이 소시지의 숨겨진 이야기는 종교재판소 시절로 거슬러 올라간다. 당시 유대인은 가금류의 살과 기름, 빵, 마늘, 그리고 이런저런 양념을 넣어 소시지를 만들어서 창가에 걸어두었다. 지나가는 종교재판관들이 알례이라를 보고 비유대인 가정이 만들어 먹는 보통의 돼지고기 소시지로 생각하도록 만들기 위해서였다. 알례이라는 지금도 즐겨 먹는 요리지만 현대식 알례이라에는 돼지고기가 들어간다.

【 수프 】

포르투갈 가정에서 수프는 보통 점심이나 저녁에 먹는다. 알렌 테주 지역에서는 뜨겁거나 차가운 수프를 즐겨 먹으며 주요리

• 스톤 수프 •

포르투갈의 인기 작가이자 정치가인 테오필루 브라가(1843~1924)가 쓴 스톤 수프 우화는 이 집 저 집 동냥을 다니던 어느 수도사의 이야기다. 굶주린 상태로 동냥에 나섰지만 아무것도 얻지 못한 수도사는 땅을 쳐다보다가 돌멩이 하나를 주워 깨끗이 흙을 털어낸 다음 자신이 그것을 가지고 돌멩이 수프를 만들 것이라고 말했다. 그 이야기를 들은 가족이 비웃자 수도사는 깜짝 놀라는 척하면서 문제의 그 요리는 맛도 아주 좋다고 일러줬다. 호기심이 발동한 가족이 그 수프를 만드는 과정을 보고 싶다고 말하자 수도사는 그들에게 냄비를 하나를 얻어서 그 돌멩이를 넣고 물을 가득 부었다. 그런 다음 그 가족에게 물이 끓도록 냄비를 난로에 올려달라고 부탁했다. 물이 끓기 시작하면서 수도사가 고기 기름, 소금, 소시지, 빵을 차례로 부탁하자 그 가족이 전부 가져다주었다. 이윽고 수도사가 수프를 다 먹고 났을 때 그 가족은 수도사에게 냄비 바닥에 있는 돌멩이에 관해서 물었다. 그러자 수도사는 다음을 위해 그 돌멩이를 가지고 갈 것이라고 대답했다.

뭉근히 끓여 뜨끈한 상태로 껍질이 딱딱한 빵과 함께 먹는 소파 다 페드라

로 나올 만큼 실속이 있어서 종종 빵, 콩, 수란, 심지어 생선이
나 고기류가 들어가기도 한다.

스톤 수프(소파 다 페드라)는 히바테주 지역에서 먹는 특별 요
리로 콩, 돼지고기, 소시지, 채소, 양념 등으로 만든 영양이 풍
부하고 걸쭉한 수프다.

【 피리피리 치킨 】

포르투갈에는 패스트푸드의 대안 음식으로 건강하고 맛 좋은

대중적이고 맛있는 패스트푸드 대체음식인 피리피리 치킨

피리피리 치킨이 있다. 프랑구 누 슈아스쿠, 즉 바비큐 치킨으로 번역되는 피리피리 치킨에는 매운 소스가 들어가지만 근교를 포함한 리스본의 넓은 지역에서 널리 접할 수 있는 이 치킨은 매운맛뿐만 아니라 맵지 않은 맛으로도 먹을 수 있다. 조리법은 통닭의 한가운데를 잘라 활짝 편 다음 꼬챙이에 꽂아 석탄 바비큐에 굽는다. 식탁에 낼 때는 꼬챙이를 제거한 다음 손님의 기호에 따라 뜨거운 버터나 매운 양념을 발라준다. 매장에 따라 테이블에 앉아서 먹을 수 있는 데가 있고 오직 포장만 가능한 곳도 있다.

【치즈】

포르투갈에서는 양과 염소의 젖과 우유로 굉장히 다양한 치즈를 만든다. 포르투갈산 치즈의 질감은 풍부하고 부드러운 것부터 좀 더 건조하고 딱딱한 것까지 다양하며 풍미 또한 은은하고 순한 맛부터 굉장히 강한 맛까지 다채롭다. 애피타이저로 먹는 치즈가 있는가 하면 식사가 끝난 후 포트 와인이나 레드 와인과 함께 나오는 치즈도 있다. 포르투갈의 전통 음식과 마찬가지로 치즈 역시 지역마다 달라서 북부에서는 버터 맛이 나는 케이주 다 세라가 생산되고, 알렌테주에서는 세르파 치즈가, 아조레스 제도에서는 파마산 치즈류의 케이주 다 일랴가 생산된다.

【디저트】

포르투갈 사람들 또한 굉장히 단맛을 즐긴다. 17~18세기에 수녀원들이 서로 가장 신성한 디저트를 만드는 경쟁을 펼친 덕분에 수녀원표 페이스트리가 유명해졌다. 그 결과 매우 맛이 좋고 유지방이 풍부한 케이크, 파이, 푸딩이 탄생됐는데 이들 디저트에는 '바히가 드 프레이라(수녀의 배)', '토시뉴 두 세우(하늘의 비계)', '푸딩 드 아비드 드 프리스쿠스(수도원장의 푸딩)'처럼

달걀 크림이 꽉 들어찬 아베이루의 달달한
전통 과자 오부스 몰레스

버터를 듬뿍 넣고 얇게 반죽한 페이스트리를
여러 장 겹쳐 구워 바삭하고 풍부한
식감이 일품인 파스텔 드 나타

아주 암시적인 이름이 붙었다. 알가르브 지역에는 과일이나 생
선 또는 조가비 모양의 맛있는 마지팬 디저트가 있다. 지금까
지도 여전히 요리법이 비밀에 부쳐진 커스터드 크림으로 유명
한 벨렝 빵집의 에그타르트뿐만 아니라 아베이루의 부드러운
달걀(아베이루 오부스 몰레스) 같은 여러 디저트에는 달달한 달걀
반죽이 사용된다.

와인

포르투갈은 중세 시대부터 와인을 수출해온 나라로 현재까지도 국제 와인 시장에서 중요한 입지를 차지하고 있다. 포르투갈에서는 굉장히 폭넓고 다양한 상업용 와인의 경우 생산량을 엄격히 조절하고, 지리적 기원과 독특한 특성에 따라 세밀하게 분류하며, 생산의 모든 단계를 철저히 감독한다. 공식적으로 헤지옹이스 데마르카다스(확정된 지역)로 알려진 와인 지역들에는 해당 와인의 지리적 기원과 그 지역의 독특한 특성이 담겨 있다.

포르투갈의 와인은 크게 한정 지역에서 생산된 고급 와인을 뜻하는 VQPRD와 테이블 와인(식사용 포도주)으로 분류할 수 있다. 각 지역마다 지역 위원회가 생산량을 조절하고 VQPRD 와인을 원산지통제명칭Denomination of Controlled Origin, DOC이나 리즈널 Regional 로 분류한다.

원산지통제명칭 와인은 한정량으로 생산되며 포도 품종 및 선별과 원산지 그리고 알코올 함유량 및 구체적인 양조 과정과 관련해 엄격한 제조 규칙을 따라야 한다.

리즈널 와인은 특정 지역에서 생산된 지역 와인이지만 원산지통제명칭 와인과 같은 엄격한 제조 규칙을 따르지 않는다.

테이블 와인은 품질이 낮은 것으로 원산지 명칭이 없으며 포도의 다양성이나 수확 연도를 라벨에 표기할 수 없다.

비뉴 베르드(그린 와인)는 알코올 도수가 낮고 살짝 샴페인 맛이 나서 해산물에도 잘 어울리고 더운 날에 시원하게 마실 수 있는 와인으로 포르투갈의 미뉴 강 연안에서만 생산된다. 또한 세계에서 가장 오래된(1756년부터) 획정demarcated 지역인 북부의 도루 계곡에서는 세계적으로 유명한 포트 와인뿐만 아니라 포르투갈에서 가장 향이 풍부한 레드 와인의 일부가 생산된다. 자동차나 보트 또는 기차를 타면 갈 수 있는 도루 계곡에는 와인 가문의 사유지와 계단식 포도밭이 아름답게 펼쳐져 있다. 이곳에서 하류 쪽으로 가면 포르투에서 도루강 바로 건너편에 위치한 가이아 지역이 나오는데, 이곳의 포트 와인 저장고에서는 와인을 시음해볼 수 있다.

포르투갈의 중부로 들어가면 당과 바이하다 같은 산악 지역부터 히바테주와 오에스트('서쪽'이라는 뜻) 같은 해안가의 평지까지 포도밭이 펼쳐진다. 리스본에 가깝고 초목이 우거진 신트라 지역에서는 콜라레스 레드 와인이 생산되며, 마프라 방향에 자리한 부셀라스 지역은 최고로 꼽히는 일부 포르투갈산 화이트 와인을 생산한다. 더 남쪽에 위치한 코스타 아줄(푸른 해안)은 훌륭한 레드 와인과 화이트 와인뿐만 아니라 시럽 같고 달콤한 머스카텔 포도주를 생산한다. 남부에 위치한 알렌테주와 알가르브 지역은 몹시 메마른 흙 덕분에 과일 맛이 강해서 이곳에서 생산되는 와인은 알코올 도수가 낮을 것 같지만 실제로 알코올 함유량이 13% 이상일 때도 있다. 마데이라 와인은 마데이라 지역에서 유래된 디저트 와인으로 언제나 세계적인 인기를 끌었는데, 그중에서도 특히 잉글랜드에서 많이 찾았다. 15세기에 클래런스의 공작 조지는 형이었던 국왕 에드워드 4세를 타도하려는 역모를 꾸민 혐의로 사형당할 때 맘지 포도주, 즉 달콤한 마데이라 와인이 담긴 술통에서 익사당하는 형을 선택했다고 한다.

이들 주요 지역에서는 포르투갈의 와인 문화와 풍경을 답사하고픈 이들을 위해 다음과 같은 11개의 잘 짜인 와인 루트를 제공하고 있다. 그린 와인 루트, 포트 와인 루트, 시스테르 포도밭 루트, 당 와인 루트, 바이하다 와인 루트, 베이라 인테리오르 와인 루트, 서부 와인 루트, 히바테주 포도밭 루트, 카르카벨루스의 부셀라스 및 콜라레스 와인 루트, 코스타 아줄 와인 루트, 그리고 마지막으로 알렌테주 와인 루트가 있다. 이들 루트는 모두 다양한 기간 동안 여러 가지 흥미로운 관광과 와인 관련 활동을 경험할 수 있는 견학 프로그램을 제공한다.

외식

포르투갈 사람들은 밤놀이를 즐기는데 대개 그 시작은 저녁 외식부터다. 외식을 할 때는 집에서 저녁을 먹을 때보다 훨씬 늦은 시간에 먹기 때문에 밤 11시나 자정까지 영업을 하는 식당들이 많다. 이런 식당들은 세련미와 메뉴 면에서 천양지차기 때문에 현지인에게 어디가 괜찮은지 물어보는 게 상책이다. 때로는 지저분해 보이는 선술집(타스카)이나 간이식당(슈하스케이라)이 시내에서 최고로 맛있는 음식을 팔 수도 있다. 여러 식당들이 영어나 다른 언어로 된 메뉴판을 준비해놓고 있으니 꼭 물어보자. 애피타이저와 주요리 그리고 디저트와 음료로 구성된 저렴한 관광객용 세트 메뉴 또한 대부분의 곳에서 이용할 수 있어서 선택하기가 쉽다.

일단 손님이 자리에 앉으면 대다수의 식당에서는 빵과 버터 그리고 올리브와 치즈 같은 다양한 애피타이저를 테이블에

리스본 야외 식당의 그림 같은 테라스에서 외식을 즐기는 사람들

놓아 줄 것이다. 이와 같은 애피타이저는 테이블 요금에 포함된 것이며 신선 요리는 주문이 들어가야만 조리에 들어가기에 주로 주문을 한 뒤 손님이 기다리는 수고를 덜어주기 위해 제공된다.

　과거에는 채식 식당들을 찾아보기 어려웠지만 관광업이 호황을 누리고 외국인들이 많이 오가면서 지금은 많이 흔해졌다. 포르투갈 현지의 요리사들은 세계에서 유행하는 요리를 의욕적으로 만들어보는 데 그치지 않고 포르투갈의 맛을 덧입히고 있다. 그러는 동안 외국인 요리사와 외국 음식점들은 새로운 개념과 이국적인 풍미를 들여왔다. 대도시 중심지 밖으로 나가면 많은 이탈리아 음식점과 아시안 식당들뿐만 아니라 다양하고 신선한 채소와 생선을 이용하여 고기가 들어가지 않는 맛있는 요리를 파는 식당들을 만날 수 있다.

밤문화

포르투갈에는 술집과 '디스코텍'으로도 불리는 나이트클럽들이 많아 다양하고 활동적인 밤문화를 즐길 수 있다. 이들 술집이나 나이트클럽은 저녁 식사 시간이 지난 후에도 자리가 다 차지 않아서 실제로 오전 1시나 2시가 돼서야 손님이 늘어나 새벽 5시나 그 이후까지 영업할 때가 많다. 나이트클럽은 보통 한 잔의 무료 음료가 포함된 입장료를 받거나 최소 요금(이 또한 대개 한 잔)을 받는다. 대부분의 나이트클럽은 입장하자마자 손님에게 모든 음료가 적힌 카드를 준다. 이때 술값은 클럽을 나갈 때 정산하므로 받은 카드를 잃어버리지 않는 게 중요하다.

리스본 시아두 마을의 밤문화

만약 카드가 없으면 일일 최대 요금을 지불해야 할 것이다. 클럽을 나오면 길거리에서 푸드 트럭이 햄버거와 핫도그 같은 음식을 팔고 있을 것이다. 그렇게 밤은 이른 아침까지 계속될 가능성이 크다.

즐거움을 위한 쇼핑

무밀에 내영 쇼핑센디는 둘디보고, 믹고, 쇼핑허머 히루 글 보

포르투갈의 식당에서 팁을 줄 때 정해진 규칙 같은 것은 없으며 대개 계산서에는 팁이 포함돼 있지 않다. 포르투갈 사람들은 보통 0~5% 사이에서 팁을 주지만 외국인은 10%가량을 팁으로 주면 된다. 술집이나 카페에서 팁을 주는 것은 관례가 아니다. 택시의 경우 택시비를 그냥 유로 단위로 반올림해서 주는 편이다.

내는 가족들로 발 디딜 틈이 없다. 일주일에 7일을 오전 10시부터 오후 11시, 어떨 때는 더 늦게까지 여는 이러한 쇼핑몰에서는 각양각색의 유명한 국내외 브랜드를 구입할 수 있을 뿐더러 음식과 영화까지 즐길 수 있다.

좀 더 전통을 느끼며 야외에서 쇼핑을 하고 싶으면 도심지의 보행자 전용 자갈길에 줄지어 늘어선 가게와 카페들을 찾아가자. 이곳에서는 주요 브랜드부터 '전형적인' 포르투갈의 공예품을 볼 수 있다. 이곳 가게들 또한 오전 10시에 문을 열고 오후 1시부터 3시 정도까지 점심식사를 위해 문을 닫았다가 다시 연 뒤 7시까지 영업을 한다. 토요일에는 많은 소규모 가

• 바르셀루스 수탉 •

바르셀루스 수탉은 포르투갈의 인기 있는 마스코트로서 현지 수공예품의 단골 디자인이다. 이 수탉을 유명하게 만든 전설은 바르셀루스 시민들을 공포와 두려움에 떨게 한 불가사의한 범죄에서 시작됐다. 산티아고 데 콤포스텔라로 가던 중으로 추정되는 갈리시아 출신의 어느 순례자가 이 도시를 지나갈 때 주민들이 재빨리 그를 붙잡아 범인으로 몰았다. 처형 직전에 이 스페인 사람은 무죄를 주장하기 위해 재판관 앞에 데려다 달라고 요청했다. 그리하여 그는 재판관의 집에 들어갈 수 있었는데 그 집에서는 막 잔치를 벌이려던 참이었다. 범인으로 몰린 그 남자는 식탁에 있던 구운 수탉을 가리키며 자신이 아무 죄가 없다면 교수형을 당할 때 요리된 수탉이 '꼬끼오'하고 울 것이라고 주장했다. 과연 그를 교수형에 처하려는 순간 그 수탉이 식탁에 서더니 '꼬끼오'하고 울었다! 결국 이 스페인 사람은 곧바로 풀려났고 몇 년 후 그는 바르셀루스로 돌아가 성모 마리아와 성 야고보를 기리는 기념비를 세웠다.

게나 동네 상점들이 오후 1시에 영업을 마친다. 정부에서 정한 할인 행사는 1년에 두 번, 1월/2월과 8월/9월에 열린다. 관광객이 포르투갈에서 싸게 잘 살만한 것들에는 의류, 신발, 타일, 도자기, 의인 등이 있다.

은행

포르투갈이 1999년에 유로화를 출범시킨 11개국 중 한 나라가 될 때까지 포르투갈의 통화는 이스쿠두였다. 외국 화폐는 공항의 환전소 외에 은행에서도 환전할 수 있다. 도심에는 여러 은행이 있으며 쉽게 알아볼 수 있다. 은행 업무 시간은 오전 8시 30분에 시작해 지점에 따라 오후 3~5시에 종료된다. 현금자동입출금기가 곳곳에 잘 갖춰져 있어 24시간 이용할 수 있다. 포르투갈의 주요 은행으로는 카이샤 제랄 드 데포지투스Caixa Geral de Depositos와 밀레니움 비시피Millennium BCP, 그리고 노부 방쿠Novo Banco 등이 있다. 오늘날 대부분의 은행들은 자체 앱 플랫폼을 통해 고객들에게 온라인 서비스를 제공하고 있어서 줄 서서 기다리는 번거로움이 크게 줄어들었다.

스포츠

포르투갈에서 가장 인기 있는 스포츠는 당연히 축구다. 도회지마다 소속팀과 축구장이 있지만 주요 경쟁 팀은 벤피카(리스본)와 스포르팅(리스본) 그리고 FC 포르투다. 이들 팀끼리 경기가 열리면 모두가 경기장이나 텔레비전으로 경기를 관람하고 경기가 끝나면 이긴 팀의 팬들이 거리로 쏟아져 나와 승리를 축하하느라 나라 전체가 마비된다. 사람들은 저마다 소속팀의 맹목적인 열혈 팬이지만 영국에서 목격되는 것처럼 폭력 사태로 비화되는 경우는 극히 드물다. 축구 팬들이 서로를 도발해서 작은 충돌이 일어날 때도 있겠지만, 그러한 상황도 보통은 경찰이 개입할 필요도 없이 진정되곤 한다.

포르투갈의 축구팀과 선수들은 세계 최고로 꼽힌다. 에우제비우와 피구 그리고 크리스티아누 호날두 같은 전설적인 선수들은 국제적인 명성이 자자하다.

포르투갈은 유로 2004를 개최하면서 세계 축구계의 중요 국가로 올리 있

역대 가장 위대한 축구선수 중 한 명으로 꼽히는 크리스티아누 호날두

다. 당시 포르투갈은 이 행사를 위해 도시 제반시설을 개선하고 최신식의 대형 경기장을 여러 개 건설했다. 2016년에 파리의 스타드 드 프랑스에서 열린 짜릿했던 유로 2016 결승전에서 처음으로 포르투갈이 우승컵을 거머쥐었을 때 포르투갈의 국민적 자부심은 하늘을 찔렀다.

800km에 달하는 해안선과 온화한 날씨 덕분에 포르투갈은 수상 스포츠를 즐기기에 최적의 장소다. (에스토릴 근처의) 긴슈와 (마프라 인근의) 에리세이라 같은 해변은 유럽에서 서핑과 윈드서핑을 위한 최상의 조건을 갖추고 있어 해마다 세계 선수권대회가 개최된다.

전국에 있는 요트 클럽들 또한 1년 내내 레이저 요트 같은 올림픽 종목용의 작은 요트부터 커다란 범선에 이르기까지 모든 급을 망라한 크고 작은 요트 행사를 조직하느라 바쁘다. 2004년에 포르투갈은 리스본 해안에서 아메리카컵 요트 경기를 개최하기 위해 경쟁에 나서서 최종 후보까지 올라갔지만 결국 스페인의 발렌시아에 밀리고 말았다. 2007년에 권위 있는 국제요트연맹의 세계요트선수권대회가 카스카이스에서 열렸으며 리스본은 2011~2012 아메리카컵 월드시리즈 요트 경기 대회의 첫 번째 정박지였다. 최근에 포르투갈은 볼보 요트 대회

(2016~2018)뿐만 아니라 대형 범선 대회(2016~2021)를 개최했다.

포르투갈 전역의 대다수 도회지에서 테니스장을 찾을 수 있다. 알가르브와 마데이라 그리고 에스토릴 지역에 자리한 리조트들은 테니스 축제를 개최하며 남자프로테니스ATP 월드 투어 산하의 포르투갈 오픈이 해마다 열려 세계적인 테니스 선수들과 팬을 끌어 모으고 있다. 또한 포르투갈에 대대적인 패들테니스 열풍(스포츠 관련 내용 참조)이 불면서 전국에 많은 패들테니스장이 들어서 언제든 패들테니스를 즐길 수 있다.

2014년에 월드 골프 어워드에서 포르투갈을 세계 최고의 골프 행선지로 선정할 정도로 포르투갈의 골프 코스는 유럽 최고를 자랑한다. 그중에서도 특히 유명한 골프 코스는 알가르브와 에스토릴 지역에 있지만 포르투갈의 북부 지역과 서해안을 따라서도 다양한 골프 코스가 있다.

포르투갈 사람들은 이른 아침이나 저녁에 걷기나 달리기를 즐기고 자전거도 많이 탄다. 그래서 많은 도시인들이 이러한 활동을 하러 바닷가 산책로로 가는 모습을 심심찮게 볼 수 있다. 더 오래 거닐고 싶은 이들은 신트라, 페네다제레스, 몬테지뉴, 그리고 마데이라 지역을 찾아가 보자. 걷거나 자전거를 타고 초록이 우거진 풍경을 만끽할 수 있을 것이다.

휴가

많은 사업장이 8월이 오면 한 달 내내 혹은 며칠 동안 문을 닫기 때문에 대다수 포르투갈 사람들도 이 시기에 휴가를 보낸다. 휴가는 보통 친구 및 가족과 다 같이 모여서 즐긴다. 별장이 있거나 고향을 떠나온 이들은 이때를 기회로 더욱 한가롭게 별장이나 고향을 찾을 수 있다. 멀리 떠나 숙박 시설을 빌리기로 한 사람들은 일단 적당한 행선지를 찾기만 하면 매년 다시 같은 곳을 찾는 편이다.

프랑스, 독일, 스위스, 캐나다 등지에 대규모 포르투갈인 공동체가 있기 때문에 여름휴가 때와 크리스마스 연휴가 되면 포르투갈에 살고 있는 가족들이 해외에 살고 있는 사랑하는 이들을 만나러 떠날 뿐만 아니라 고향을 찾는 이민자들도 쇄도한다. 또 다른 인기 휴가지는 눅눅하고 쌀쌀한 포르투갈의 겨울을 피해 따뜻한 휴식을 즐길 수 있는 브라질이다.

그러나 사람들의 발길을 사로잡는 해안 지대를 자랑하는 나라답게 사실상 모든 이들이 포르투갈 해변에서 여름휴가를 보낸다. 북부 지역의 해안은 거칠고 추운데다 날씨 또한 예측하기 힘들고 여름 아침도 안개가 자욱하고 쌀쌀한 편이다. 이에 반해 남부 지역은 따뜻한 수온과 화창한 하늘 그리고 높은 기온이 보장되다 보니 알렌테주와 알가르브 해안은 가장 인기 있는 휴가지로 꼽힌다. 이렇게 인기가 높다 보니 알가르브 지역은 여름철에 굉장히 붐비고 혼잡하다. 따라서 통찰력이 있는 관광객이라면 북쪽으로 방향을 돌려 미뉴와 도루 지역의 차가운 기온과 매력을 발견할 수도 있다.

문화 활동

1994년에 리스본은 유럽연합의 문화 수도로 지정되었고 뒤이어 2001년과 2012년에는 각각 포르투와 기마랑이스Guimarães가 문화 수도가 되었다. 리스본은 2016년에 처음으로 유럽 최대 아이티IT 행사인 웹서밋 개최지로 발탁된 데 이어서 2018년에 동반자 관계가 연장되면서 2028년까지 매년 리스본에서 웹서밋이 열릴 예정이다. 이 행사로 포르투갈의 문화적 지평이 넓어질 뿐만 아니라 해외에서 포르투갈 문화의 위상도 높아진다. 또한 아베이루나 폰타 델가다(아조레스) 혹은 브라가나 에보라 중 한 곳이 2027년에 문화 수도로 신청될 것이다.

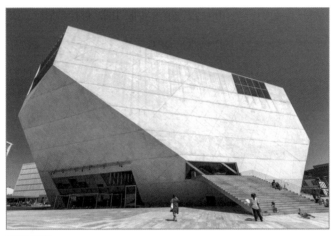

포르투 음악당

리스본의 미술과 건축 및 기술 박물관(MAAT)

리스본의 굴벤키안 미술관과 포르투의 세할베스 미술관처럼 포르투갈에는 국내 작가들과 국제순회단체들의 작품을 전시하는 여러 개의 존경받는 재단들이 있다. 리스본의 센트루쿨투랄 드 벨렝과 포르투의 카사 다 무지카에는 인상적이고 현대적인 공연장이 있어서 다양한 국내외 무용 공연과 음악 공연을 즐길 수 있다.

대중문화는 포르투갈에서 가장 인기가 높다. 대다수 거물급 팝 스타와 록 스타는 리스본이나 포르투 혹은 두 곳 모두를 거쳐 가는데 그때마다 팬들은 공연장을 가득 메운다. 영화 또한 아주 인기가 높아서 여러 할리우드 영화가 포르투갈의 극장에 걸리며 원판에 포르투갈어 자막이 들어간 형태로 상연된다. 포르투갈 영화는 그 우수성에 비해 아직까지 알려지지 않은 편인데, 당연히 언어 장벽이 존재한다. 그러나 조아킹드 알메이다, 마리아 드 메데이로스, 마리사 크루즈 같은 배우들은 국제적 명성을 얻었다. 특히 영화감독 마누엘 드 올리베이라는 베를린 영화제와 골든 글로브 그리고 칸 영화제 같은 권위 있는 영화제에서 세계적인 상을 여러 차례 수상하며 인정을 받고 존 말코비치와 카트린 드뇌브 같은 유명 배우들과 직업했다. 2021년에 넷플릭스에서 〈글로리아〉라는 제목의 포르투갈 오리지널 시리즈가 공개되었다. 이 작품은 넥플릭스에 공개된 최초의 포르투갈 시리즈로 1960년대 리스본을 배경으로 펼쳐지는 냉전 시대의 스파이 스릴러물이다.

【 글라스 루트 】

이스트레마두라에 히바테주 지역에 있는 글라스 루트는 해당 지역의 고급스러운 유리 제조 전통을 홍보하기 위해 기획된 것이다. 이 프로젝트에 따라 5개의 유리 제조업체와 2곳의 박물관이 파티마/레이리아 관광청과 손잡고 이 지역을 둘러보는 관광 상품을 내놓았다. 또한 유리와 크리스털 제조에 쓰이는 공예와 기술뿐만 아니라 18세기부터 시작된 포르투갈의 유리 세공 역사를 전시하고 있다. 1769년에 윌리엄 스티븐스라는 잉글랜드 사람이 망해가고 있던 마리냐 그란드 로열 글라스 공장의 경영을 맡아 이 땅에서 가장 유명한 공장 중 하나로 키웠다.

07

여행, 건강,
그리고 안전

리스본은 효율적인 지하철 체계를 갖추고 있으며 빨강, 파랑, 초록, 노랑으로 이루어진 총 4호선이 운행된다. 초록 선과 노란선을 잇는 두 곳의 지하철 역이 2009년에 인공 예정이다. 지하철은 깨끗하고, 효율적이며, 교통비가 저렴하고, 리스본 도심부와 근교까지 안 가는 데가 거의 없으며, 버스 및 통근 열차와도 연계되어 있다. 모든 역에는 이해하기 쉽게 다국어 설명이 내장된 승차권 자동 판매기가 설치되어 있다.

포르투갈에 입국하기

유럽연합에 소속된 국가의 국민이 포르투갈로 여행을 가려면 유효한 신분증만 있으면 된다. 셍겐 지역에 속하는 국가나 (브라질이나 캐나다 또는 콜롬비아처럼) 포르투갈과 협약을 맺은 국가의 국민들은 비자를 소지할 필요가 없다.

코로나 19가 창궐하던 시기에 포르투갈에 입국하는 모든 여행객들은 백신 접종 증명서나 PCR 음성 검사서를 보여줘야만 입국할 수 있었다. 그러다가 2022년 7월에 아조레스와 마데이라 제도를 포함해 모든 지역에서 입국 제한이 해제되었다. 하지만 여행객들은 입국 조건과 관련된 최신 정보를 꼼꼼하게 확인할 필요가 있다. 이 책이 발간되는 이 시점에도 공중보건 시설에서는 여전히 마스크를 착용해야 한다.

항공

국내선과 유럽 노선 그리고 국제 노선을 운항하는 포르투갈 국적 항공사는 TAP와 사타항공이다. 그 외에도 TAP 이스페레스(이전의 포르투갈리아)가 국내 노선과 유럽 노선을 운항한다. 또한 주요 국제 항공사의 대다수가 포르투갈에서 도착하고 출발한다. 내륙에서 국내외 민간 항공기가 이용하는 주요 공항들은 파루와 리스본, 그리고 포르투에 있다. 마데이라 제도 내에는 푼찰과 포르투 산투에 공항이 있으며 아조레스 제도의 공항은 산타 마리아와 상 미구엘(폰타 델가다) 그리고 테르세이라 섬의 라지스에 있다. 그 외에도 근거리용 국내선 여객기가 이용하는 소형 공항들이 많지만 리스본과 포르투 공항이 포르투갈의 전체 항공 운송의 70% 이상을 담당한다.

기차

다른 유럽 나라들에 비해 포르투갈에서는 값싸고 편리하게 기차 여행을 즐기며 여러 곳을 둘러볼 수 있다. 포르투갈의 국영철도회사 카미뉴스 드 페후 포르투게세스Caminhos de Ferro Portugueses, CP는 포르투갈의 이곳저곳을 여행할 수 있도록 광범위한 일일 정기노선과 고속구간을 운행한다. 그중에서도 브라가와 파루를 잇는 알파 펜둘라르 고속 노선은 유럽 최고의 도시 간 연결 노선 중 하나로 꼽히며 리스본에서 북부나 남부의 주요 도시로 가는 가장 빠른 길이다. 좀 더 한가롭게 여행하고 싶다면 대부분의 역에 정차하는 지역 열차와 주요 도시에서만 정차하는 특급 열차를 이용해보자. 북부행 기차들은 리스본의 산타 아폴로니아 역과 오리엔테 역에서 출발한다. 포르투에서 승객들은 캄파냐나 상 벤투 역에서 내리거나 아니면 더 북쪽에 있는 역까지 계속해서 갈 수 있다. 리스본에서 남부로 향하는 기차들은 타구스강 남쪽에 자리한 바헤이루 역에서 출발해 알가르브 지역에 도착한다. 이외에도 지역마다 통근 열차 노선도 잘 갖춰져 있다.

2022년 9월에 포르투갈 총리는 리스본과 포르투 간 고속철을 건설해 승객들이 두 도시를 1시간 15분 만에 오갈 수 있게 하겠다고 발표했다. 이 노선은 최종적으로 스페인 비고까지 연장되어 이베리아 반도의 대서양 연안을 처음부터 끝까지 연결할 계획이다. 이와 같은 신 노선은 2024년에 착공되어 2030년대 초에 완공될 예정이다.

알파(고속), 레지오날(지역), 인테르시티(특급) 열차들에는 1등 칸과 2등 칸이 있다. 3세 미만의 아이는 모든 기차를 무료로 탈 수 있고 4~11세까지는 성인 요금의 절반만 내면 된다. 7일

권이나 14일권 또는 21일권을 구입하면 할인된 금액으로 포르투갈 전역을 무제한 여행할 수 있다. 기차 여행을 계획 중이라면 iOS와 안드로이드 모두에서 이용할 수 있는 CP 앱을 통해 손쉽게 기차표 구매가 가능하다.

동루이스 다리가 도루 강을 가로질러 포르투와 빌라 노바 드 갈라를 이어주고 있다.

국제 열차는 매일 리스본과 포르투에서 파리(수드 엑스프레스), 마드리드(루시타니아), 그리고 비고로 떠난다. 또한 포르투갈은 30개국이 넘는 유럽 나라들을 연결하는 인터레일 노선에 들이 있다.

버스

여러 민간 버스 업체들이 안락하고 알맞은 가격대의 정기편을 운행하고 있기 때문에 버스 여행 또한 해볼 만하다.

헤드이스프레수스는 리스본과 북부에 자리한 포르투와 브라가의 주요 도시들은 물론 남부의 파루와도 연결해준다. 브라가에 터를 닦은 버스 회사인 헤네스는 포르투의 가장 유명한 유적 중 하나인 클레리구스 탑에서 출발하는 포르트-리스본-알가르브 노선의 정기편을 운행한다. 헤듬은 북부 전문 업체로 포르투에서 브라간사로 가는 정기편을 운행하며 코임브라와 리스본 노선에도 참여하고 있다. 에바는 리스본-알렌테주-알가르브 노선의 정기편을 운행한다.

【 다리와 유람선 】

포르투갈 제1의 상업 중심지인 리스본을 오가는 통근 교통량은 믿기 어려울 정도로 엄청나다. 타구스강을 건너가야 하는 이들은 특히 더 막막하다. (1974년까지 살라자르 다리로 불렸던) 아브릴 다리는 샌프란시스코의 금문교와 아주 비슷한 현수교다. 1966년에 개통된 이 다리 덕분에 타구스강을 빠르고 쉽게 건널 수 있었지만 통행하는 차량이 점점 늘어나면서 결국 극심한 교통체증 구간으로 바뀌고 말았다. 이에 1999년, 교통 혼잡을 해소하고 자동차 통행을 대체하기 위해 저상용 전차를 추가로 개설했다. 또 다른 포르투갈 토목 공학의 위업은 바스쿠다 가마 다리다. 1998년 엑스포에 맞춰 개통된 이 다리는 길이가 17.2km가 넘는 유럽에서 가장 긴 현수교다. 이들 두 다리 외에도 리스본 부둣가를 따라 여러 개의 잔교가 건설되어 현대식 고속 연락선단이 정기적으로 강을 건너게 해준다.

자동차 운전

1990년대 초반까지만 해도 포르투갈의 도로 상태가 아주 나빠서 최고로 대담한 관광객조차도 운전하는 것을 재고할 정도였다. 하지만 이후 리스본과 포르투가 유럽 문화 수도로 지정되는 등의 중요한 행사들을 거치면서 훌륭하고 잘 설계된 새로운 도로와 고속도로망이 갖춰져 자동차를 몰고 어디든 빠르고 편안하게 다닐 수 있게 되었다. 다만 고속도로와 간선도로를 벗어나면 신호체계가 헷갈리거나 신호가 아예 없는 곳도 있으니 자동차 여행 중에는 GPS나 내비게이션 앱을 활용하는 것이 좋다. 포르투갈 현지에서 가장 많이 쓰는 내비 앱은 웨이즈Waze다.

포르투갈 사람들은 유럽에서 가장 난폭한 운전자 축에 든다는 평을 받아서 그런지 교통사고율이 경악스러울 정도로 높다. 보통 운전대를 잡으면 난폭하고 공격적으로 변하는 것을 감안한다 해도 이렇게까지 높은 이유는 포르투갈 사람들이 늘 서두르다보니 손과 목소리뿐만 아니라 경적까지 너무 많이 써서 그런 게 아닐까 싶다. 따라서 침착함을 유지하면서 유머 감각을 잃지 말고 차선을 잘 지키는 것만이 최선책이다. 사람들이 양보를 잘 안할 테니까 그럴 자격이 없는 이들이더라도 먼저 가라고 양보하자. 포르투갈에서는 여전히 대다수가 수동 변속기 차량을 몰기 때문에 자동 변속기 차량을 빌리고 싶은 관광객들은 렌트카 업체에 예약할 때 반드시 이 점을 명시해야 한다. 또한 렌트카는 주로 휘발유 차량이니 전기차를 원한다면 이 점 또한 정확하게 밝혀야 한다.

정부 보조금과 장려책 덕분에 포르투갈은 유럽에서 전기차 점유율이 가장 높은 국가에 속한다. 2022년에 판매된 신차의 40퍼센트 가까이가 전기차와 하이브리드 차량이다. 현재 포르루갈 전역의 2,240곳에 5,000개가 넘는 충전소가 있는데 정부는 2025년까지 그 수를 네 배로 늘리겠다고 약속했다. 전기차를 빌리고 싶지만 배터리가 언제 방전될지 알 수 없어 꺼려진다면 하이브리드 차량이 좋은 선택지가 될 수 있으며 대개의 렌터카 업체에서 하이브리드 차량을 이용할 수 있다. 일반적으로 이런 차량은 휘발유 차량보다 초기 비용이 많이 들지만 연료비 측면에서 상당한 비용을 절약할 수 있다.

포르투갈에서 자동차는 소중한 재산이다. 대다수 사람들은 주말에 가족을 태우고 여기저기 돌아다니기 위해서라도 자가용을 꿈꾼다. 이 때문에 토요일과 일요일 오후에 특히 해안 도로나 중소 도시에 자동차를 몰고 나갔다가는 좌절감을 맛볼 수 있다. 천천히 경치와 드라이브를 즐기면서 사실상 걷는 속도로 돌아다니는 자동차들이 도로를 점령하고 있기 때문이다. 그러나 도시에 거주하는 젊은이들은 자차에 그렇게까지 연연하지 않는 편이라서 여러 다양한 교통수단을 기꺼이 이용한다. 그중에서도 차량 호출 앱이나 대중교통 또는 공유자전거 등이 대표적인데, 최근 들어 자유롭게 하차와 반납이 가능한 전동 킥보드도 도시의 대체 교통수단으로 추가되었다. 더 자세한 내용은 도시교통 편을 참고하라.

보행자는 조심하라! 건널목에서는 보행자에게 우선권이 있지만 운전자들은 흔히 이를 무시하니 붐비는 거리를 건널 때는 각별한 주의를 기울여야 한다. 운전 중에는 무단 횡단하는 이들을 조심해야 한다. 차량에 아랑곳없이 수많이 사람들이 어디서나 길을 건너는 편이다. 이제 도시에서 운전을 할 때는 전동 킥보드도 잘 살펴야 한다.

【주차】

포르투갈 사람에게는 자동차 함께 타기 개념이 익숙지 않기 때문에 대다수 차량에는 운전자 혼자 타고 있다. 이 때문에 도심지뿐 아니라 고속도로도 교통이 혼잡하고 정체되기 일쑤라서 지상에서 주차할 공간을 찾기가 만만치 않다. 그러나 도시 전역에 새롭게 지하 주차장이 많이 생겨나고 있다.

포르투갈 사람들은 아주 창의적이고 자유분방하게 주차하는 통에 빠듯한 공간에 차를 집어넣으려다가 다른 차의 범퍼를 살짝 건드리는 것은 물론이고 횡단보도와 인도를 막무가내로 차지해버린다. 그러나 주행과 마찬가지로 주차 위반 또한 크게 주목받는 만큼 범칙금이 뒤따른다. 노란색 선으로 표시된 인도 경계석에 주차하는 것은 불법이다. 경우에 따라서 불법 주차된 차량에 딱지만 발부될 때도 있지만 점차 견인차가 끌고 가는 사례가 늘고 있으며, 주요 도심지에서는 바퀴 쇠쇠를 채우는 체계가 도입되었다. 운 좋게 합법적인 노상 주차장을 찾게 된다면 혹시라도 행인이 가던 길을 멈춰 주차하는 모습을 지켜보는 데 그치지 않고 아예 주차 도우미로 나서 운전대 방향을 알려주고 멈춤 신호를 보내더라도 놀라지 마시라.

포르투갈에도 주차 미터기를 손쉽게 이용할 수 있도록 돕

· 주차 도우미 ·

포르투갈의 도심지에서는 주차 도우미들을 쉽게 만나볼 수 있다. 노숙자들이 대로변과 거주지로 진출해서 주차할 자리를 찾는 운전자들을 '도와준다.' 이러한 주차 도우미들이 수고한 보상으로 돈(보통 50센트나 1유로짜리 동전)을 바라며 빈 공간에서 손을 흔드는 모습이 자주 목격된다. 이들에게 돈을 주든 말든 개인의 자유지만 돈을 안 주면 돌아왔을 때 차에 흠집이 생기거나 사이드미러나 안테나가 사라지고 없을 확률이 크다. 설령 돈을 주더라도 불법 주차 구역이면 불법에 따른 벌금이나 견인 또는 바퀴 쇠쇠를 채우는 조치를 당하므로 주차 미터기에 동전을 넣어야 한다는 점을 명심하자.

는 주차 앱들이 있다. 리스본의 이파크^{ePark}나 포르투의 텔파크
^{TelPark} 같은 앱을 통해 주차비를 정산하거나 주차비를 미리 내
고 주차장을 이용할 수 있다.

통행 규칙

포르투갈 경찰은 한때 교통법규를 설렁설렁 처리하는 태도로
악명 높았다. 그러나 이제는 더 이상 그렇지 않다. 지금의 교통
법규는 사실상 아주 엄격한데다 강도 높게 시행된다.

　법에 따라 모든 탑승객은 안전벨트를 매야 한다. 12세 이하
의 아이들은 적절한 카시트를 이용해야 한다.

　운전 중에 이어폰이나 핸드프리를 제외한 휴대전화 사용은
불법이다. 또한 맨발이나 윗도리를 입지 않고 운전하는 것도
불법이다.

　차가 고장이 났을 때는 차 뒤편 도로에 지정된 삼각대를 세
우고 초록색의 형광 재킷을 입어야 한다. 이러한 장비는 렌트
카에 비치돼있다.

　경찰이 차를 세우면 운전자는 여권이나 사진이 부착된 다

음주운전 최대 허용 수치는 혈액 1ℓ당 알코올 0.5g이다. 이 수치를 초과하면 큰 액수의 벌금과 즉각적인 차량 압수 그리고 면허 정지부터 징역형에 이르는 처벌을 받는다.

른 유효한 신분증, (사진이 부착된) 유효한 포르투갈 운전면허증이나 국제운전면허증, 차량 등록증, 차량 소유증명서, 그리고 유효한 보험증서를 제시해야 한다. 대다수 교통 경찰관은 외국어를 잘 못하므로 차량을 세웠을 때 외국어로 재잘거리면 처벌을 피할지도 모른다. 다만 가벼운 위반을 범했을 때라야 한다.

포르투갈의 교통법규와 도로 표지판은 나머지 유럽 나라들과 똑같다. 차량은 우측으로 주행한다. 따라서 운전자는 오른쪽 차선으로 운행해야 하며 왼쪽 차선은 추월하거나 좌회전할 때만 이용해야 한다. 포르투갈 사람들은 이러한 규칙을 잘 지키지 않지만 곤란한 상황을 피하기 위해서라도 따르는 게 좋다. 교차로에서는 멈춤이나 양보 표시를 맞닥뜨리지 않는 한

속도 제한
건물이 밀집한 시가지 시속 50km
간선도로 시속 90km
고속도로 시속 120km

오른쪽에서 진입하는 차량이 항상 우선한다. 원형 교차로에서는 이미 교차로에 진입한 차량이 우선한다.

【 통행료 】

모든 고속도로에는 통행료가 부가되는데 지불액은 주행 거리에 따라 다르다. 짧은 구간의 고속도로에는 고정 요율이 적용되어 곧바로 정산되는 데 반해 장거리는 첫 번째 요금소에서 표를 뽑았다가 고속도로를 나갈 때 정산해야 한다. 초록색 불이 켜진 요금소에 정차해야 하며 현금, 신용카드, 직불카드를 사용할 수 있다. 모든 요금소에는 최소한 하나의 하이패스 차선이 있는데 초록색 사각형 안에 흰색 'V'가 들어간 표시가 이 차선을 가리킨다. 이들 차선은 통행료 자동 지불 시스템이 갖춰진 차량만 들어갈 수 있다. 자동차 앞 유리에 흰색의 통행료 인식 박스가 붙어 있지 않다면 이들 차선을 이용하지 말

라. 렌트카 업체를 통해 이 장치를 부착하면 렌트카를 타고 통행료가 부가되는 도로를 이용할 때 장치가 작동되어 이와 연계된 본인의 신용카드를 통해 통행료가 지불될 것이다.

도시교통

리스본은 효율적인 지하철 체계를 갖추고 있으며 빨강, 파랑, 초록, 노랑으로 이루어진 총 4호선이 운행된다. (빨간색 사각형에 흰색으로 'M'이라고 표시된) 지하철은 깨끗하고, 효율적이며, 교통비가 저렴하고, 리스본 도심부와 근교까지 안가는 데가 거의 없으며, 버스 및 통근 열차와도 연계되어 있다. 모든 역에는 이해하기 쉽게 다국어 설명이 내장된 승차권 자동판매기가 설치되어 있다. 리스본의 지하철은 엑스포 98 때 노선 확장과 재단장을 거쳐서 새로 꾸민 지하철 종점역마다 유명한 포르투갈 작가들의 인상적인 타일 벽화가 수놓아져 있다. 현재 리스본의 초록선과 노란선을 잇는 두 곳의 지하철 역이 추가로 건설 중이며 2025년에 완공될 예정이다.

포르투에서는 6호선에 달하는 지상철과 지하철이 도심지와 근교를 이어준다. 리스본과 포르투의 지하철은 똑같이 오전 6시부터 새벽 1시까지 운행된다.

리스본에서는 카히스가 버스, 전차, 케이블카로 이루어진 광대한 교통망을 운영한다. 푯말이나 승차 대기소로 식별되는 버스 정류장에는 노선과 시간표가 표시된 지도가 걸려 있다. 선택 가능한 여러 가지 승차권과 정기권 중에서도 관광객들에게 가장 인기 있는 것은 리스보아 카드Lisboacard다. 리스보아 카드에는 1일짜리, 2일짜리, 3일짜리 여행자용 정기권과 함께 특정 유적지와 미술관을 무료로 들어갈 수 있는 입장권이 포함되어 있다. 리스본에서 대중교통을 이용할 계획이면 카리스Carris앱을 다운로드받아보라. 무브미Move-Me 앱처럼 노선과 시간표를 제공받을 수 있다.

포르투에서는 STCP가 버스와 전차 그리고 케이블카를 운행한다. 리스본과 마찬가지로 버스정류장에는 푯말이나 승차 대기소가 설치되어 있으며 노선표와 시간표가 붙어 있다. 안단트Andante 카드를 구입하면 STCP의 교통수단을 이용할 수 있을뿐더러 포르투 시내와 외곽을 운행하는 지하철과 기차까지 탈 수 있다.

포르투갈의 택시는 언제나 검은색에다 지붕만 초록색이었

다. 포르투갈이 유럽연합에 가입했을 때 많은 택시들이 유럽연합의 표준 색상인 베이지색을 채택했으나 그런 변화는 얼마 가지 못했다. 그래서 현재는 대다수 택시들이 검정색과 초록색을 유지하고 있다. 기본요금은 언제나 똑같지만 하루 중 어느 시간대인지 그리고 주중 무슨 요일이냐에 따라 네 가지의 다른 요금이 적용된다(야간, 주말, 그리고 휴일 요금이 가장 비싸다). 추가 요금은 전화로 택시를 불렀을 때나 일정 크기를 초과하는 짐을 실었을 때 부과되지만 휴대용 아기 침대나 유모차 및 휠체어는 무료로 실어준다. 대도시와 중소도시 내에서는 미터기를 켜고 달려야 한다. 하지만 장거리를 갈 때는 미리 협상하여 요금을 정하며 승객은 해당 택시의 돌아오는 비용과 함께 모든 통행료까지 지불해야 한다.

앞서 말했듯이 포르투갈 도시에서 이용할 수 있는 여러 개의 편리한 차량호출 앱들이 있다. 그중에서 우버, 리프트Lyft, 캐비파이Cabify 등이 가장 인기 있다. 도심에서는 전동 킥보드 또한 널리 이용된다. 현재 리스본과 포르투에서는 볼트Bolt, 점프(우버), 보이Voi, 라임Lime 그리고 버드Bird 업체의 킥보드를 이용할 수 있다.

타고 싶은 킥보드 업체의 앱을 내려받아 지불 카드를 등록

하고 킥보드의 QR 코드를 스캔하면 바로 이용할 수 있다. 의무는 아니지만 헬멧 착용을 추천한다. 아울러 킥보드를 탈 때도 교통 규칙을 잘 지켜야 하는데, 그중에서도 특히 빨간 불에서는 주차하거나 정지할 때가 아니면 인도에서 떨어져 있어야 한다. 또한 18세

리스본과 포르투에서 전동 킥보드를 이용할 수 있다.

이상이어야 전동 킥보드를 탈 수 있다. 자전거족과 전동 킥보드족은 알아서 조심해야 한다. 포르투갈의 도시 거리에 자전거 도로가 추가된 게 아주 최근이라서 자동차 운전자들이 항상 이륜차 이용자들을 잘 살펴보는 것은 아니기 때문이다.

숙소

포르투갈의 내륙과 섬들에는 가격과 서비스에 따라 일반급

부터 특급에 이르는 아주 다양한 국내외 호텔들이 있다. 또한 포르투갈 문화에 흠뻑 취하고 싶은 이들을 위한 좀 더 '전형적'인 숙소들도 많다. 이들 숙소는 포르투갈 전역에 고루 퍼져 있다.

포자다(포르투갈어로 '숙소'라는 뜻)는 성 또는 수도원이나 수녀원 같은 국가 소유의 유서 깊은 건축물을 복구해서 고급 호텔로 탈바꿈시킨 것들이다. 이들 호텔은 문화와 지역의 정취를 고스란히 간직한 채 고품격 서비스를 제공한다.

이스탈라젱(포르투갈어로 '여인숙'을 뜻함)은 4~5성급 호텔로 건축물과 건축 양식에 해당 지역의 특색이 반영되어 있다. 그러나 포자다와 달리 이들 호텔은 민간이 소유하고 있다.

좀 더 알맞은 가격대의 숙소로는 2~4성급의 작은 호텔들과 2성급이나 3성급의 모텔, 그리고 수많은 유스호스텔이 있다. 가족 단위 여행객에게 인기 있는 숙소는 거실과 부엌이 딸린 2성급부터 5성급까지의 다양한 독채 아파트로 구성된 콘도식 호텔이다. 이곳에 투숙하면 좀 더 제집 같은 환경에서 머무를 수 있다. 2012년에 포르투갈은 상당히 전근대적이었던 임대차법을 혁신적으로 개혁하고 외국인에게 매력적인 세제 혜택까지 도입하면서 사실상 존재하지도 않았던 임대 시장이 진정한 호황을 맞았다. 그 결과 유럽의 대다수 대도시와 마찬가지로 단기 임대 아파트가 급속히 늘어나는 현상이 발생하면서 관광객이 묵을 만한 알맞은 가격대의 숙소가 늘어났다. 관광업이 부동산 시장보다 훨씬 더 큰 호황을 누리면서 포르투갈에는 새로운 호텔을 개발하는 바람이 불어서 가족 단위 관광객과 젊은 여행자들에게 획기적이고 새로운 대안이 될 만한 숙소들이 생겨났다.

시골의 정취와 가정적인 분위기를 선호하는 이들에게는 TER^turismo no espaço rural 게스트하우스를 추천한다. 이곳은 대개 가족이 소유하고 있는 영주의 저택이나 실제로 운영 중인 농장으로 자연과 현지인을 접할 수 있는 기회를 제공한다. 이런 저택과 농장은 포르투갈 관광청에 등록해서 세 가지 등급 중 하나로 허가받아야 한다. TH^turismo de habitação(민가 관광) 숙소는 건축학적 가치를 인정받은 영주의 저택을 가리키고, TR^turismo rural(시골 관광) 게스트하우스는 시골 환경이 반영된 숙소를 말하며, AT^agroturismo(농경지 관광)는 숙소가 농장 안에 있는 것을 뜻한다. 모든 TER 숙소는 정문에 TER 표지와 관광청 로고가 들어간 금속 현판을 붙여놔야 한다.

보건

포르투갈 정부는 전 국민에게 공공병원과 보건소에서 무료로 건강 관리를 해주지만 이들 기관은 대개 너무 붐비는데다 서비스의 질 또한 미심쩍을 때가 많다. 포르투갈에서 개인 의료보험은 외국인이 감당하기에 비싼 편이지만 확실히 우수하다. 따라서 여행에 나서기 전에 의료보험을 취득하는 게 최선이다.

많은 의사들이 영어와 불어를 모두 할 줄 알거나 한 가지를 구사하지만 특히 비상 상황일 때는 의사소통을 도와줄 수 있는 2개 국어 구사자를 데려가는 게 가장 좋다. 전국 비상 전화번호는 112다. 하지만 이 역시 현지인에게 전화를 걸어달라고 부탁하는 게 제일 좋다. 포르투갈에서 몇 주 이상 머무를 계획인 이들은 도착하는 대로 대사관이나 영사관에 등록하고 만일의 사태에 대비해 해당 기관의 전화번호를 잘 챙겨두는 게 좋다.

안전

폴리시아 드 세구란사 푸블리카Polícia de Segurança Pública, PSP(공안경찰)는 도심지의 안전을 책임진다. 구아르다 나시오날 헤푸블리카나Guarda Nacional Republicana, GNR(공화국수비대)는 국가의 안전을 지키고 고속도로 순찰대를 이끈다.

포르투갈에서 절도는 흔하지만 강력 범죄는 크게 위험한 수준이 아니다. 범죄를 예방하려면 (자동차, 호텔 방, 가정집 등의) 문과 창문을 모두 잠그고, 가방이나 짐을 방치하지 말라. 지갑은 몸에 지니고 있고 호텔 방이든 차 안이든 돈이나 귀중품을 훤히 보이는 곳에 두지 말라. 다른 유럽 나라들과 마찬가지로 포르투갈에서도 일반적이고 상식에 준하는 예방책이 적용된다.

08

비즈니스 현황

전형적인 근무일은 업종에 따라 다르지만 어디나 오전 8시 30분에서 10시 사이에 시작되며 오후 4시 30분에서 7시 사이에 끝난다. 그런데 알려진 바에 따르면 포르투갈 사람들은 시간을 정확히 지키는 편이 아니기 때문에 외국인이 시간에 딱 맞춰 가더라도 결국 기다리겠거니 마음먹어야 한다! 업무 시간 내내 여러 차례 휴식을 취하는데다 점심시간은 2시간 넘게 걸릴 수도 있다.

기업 문화

포르투갈은 대비와 모순의 나라인데 특히 생업 현장에서 이러한 성향이 두드러진다. 기업 구조는 동종 업계 내에서조차 가족이 경영하는 소규모 기업에서부터 대규모 다국적기업에 이르기까지 다양하다. 사업 영역을 일반화하고 정형화하고픈 마음이 굴뚝 같아도 본인이 상대하고 있는 특정 회사에만 본인의 접근 방식과 태도를 적용하는 게 중요하다.

포르투갈에서 보통의 직장인은 '일하기 위해 살기'보다 '살기 위해 일한다'는 윤리를 지지한다. 직장은 생계를 꾸리기 위해 가는 곳이지 삶의 중심이 아니다. 포르투갈 사람들은 사생활과 마찬가지로 기업에서도 개인주의 성향이 강하고 장기적인 결과보다는 단기적인 보상에 집중하는 편이다. 이들은 대체로 부정적인 결과로 이어질까 봐 위험을 무릅쓰길 꺼려하고, 책임을 지려 하지 않으며, 상급자에게 결정을 떠넘긴다.

이와 같이 책임감이나 헌신이 없어 보여서 울화가 치밀 수도 있지만 제대로 의욕을 끌어올리고 같은 편으로 만들면 누구보다 열심히 일하고 맹목적일 정도로 헌신하는 이들이 포르투갈 사람들이다. 이들이 협조를 끝에내려면 지금 하고 있는 일에 사적인 관점을 부여하는 게 중요하다. 다시 말해, 사람들이 의무를 이행한다고 느끼게 하지 말고 내가 그들에게 도움을 청해야 한다는 뜻이다. 이런 분위기가 형성되면 그들의 지략과 융통성이 드러날 것이다. 하지만 이들이 직무와 관련된 상황을 처리한다기보다 자발적으로 나서거나 누군가에게 개인적인 호의를 베풀고 있다고 생각할 때에만 그렇다는 것을 명심하라.

젊은 전문직 종사자들은 더욱 개방적이고 참여적인 일터를 만들어나감으로써 포르투갈의 전통적인 사업 방식에 제동을 걸기 시작했다. 그 결과 포르투갈의 기업 문화는 서서히 격의 없고 팀 위주로 바뀌면서 더욱 융통성 있고 전문적인 환경이 돼가고 있다. 포르투갈의 젊은 직장인들은 전임자들보다 더 많이 경력 개발에 매진하는 한편 꾸준히 일과 삶의 균형을 건전하게 유지해나가는 데 큰 가치를 두고 있다.

【 데젠하스카두 】

포르투갈의 기업 구조는 주로 중소기업으로 이루어져 있다. 포르투갈 사람들이 PME$^{\text{spequenas e médias empresas}}$라고 부르는 이들 중소기업의 상당수는 가족이 대대로 경영해온 곳으로 정식 경영 수업을 거의 받지 않은 친족이 대표직을 물려받는다. 이 때문에 외부인에게 포르투갈 사람들의 직업의식과 작업 관행은 통념과 거리가 멀고 굉장히 비전문적으로 보일 수 있다. 반면에 이와 같이 예측할 수 없고 직무 분석이 불분명하기 일쑤인 하부 구조 때문에 포르투갈 사람들은 다중 작업에 아주 능하고 문제 해결 능력이 굉장히 뛰어나다. 이렇게 압박을 받는 상태에서 빠르게 생각하고 행동하는 능력과 융통성은 포르투갈어로 '데젠하스카두desenrascado(수완이 뛰어난)'라고 하며 굉장히 중요한 특징으로 간주된다. 데젠하스카두를 많이 발휘할수록 동료에게서 존중도 더 많이 받게 될 것이다.

【 쿠냐스 】

기업에 없어서는 안 될 또 다른 특징은 연줄, 즉 쿠냐스cunhas다. 천성적으로 의심이 많은 포르투갈 사람들은 마음을 터놓을 인맥과 연줄에 크게 의존한다. 정작 회사에 손해인데도 여전히 많은 회사에서 무엇을 아는지보다 누구를 아는지가 훨씬 중요하며 조직 내에서 높은 사람과 친분이 있을수록 유리하다. 사람들은 흔히 유명인사의 이름을 들먹이다 못해 자신의 연줄이 얼마나 두터운지 과시하거나 그런 과시를 통해 다른 이들의 연줄이 얼마나 튼튼한지 알아본다.

전통과 유리한 자연환경에서 생겨난 포르투갈의 주요 산업을 꼽자면 섬유, 신발, 코르크 목재, 펄프 및 종이, 와인, 그리고 관광업이다. 그러나 최근에는 IT와 자동차, 전자 산업 등의 다른 사업 분야도 발전을 거듭해서 새로운 산업 동향으로 나아가고 있다. 점점 더 많은 다국적 기업이 들어오면서 사업 서비스 부문이 호황을 맞았을 뿐만 아니라 사업의 지평이 상당히 넓어지고 기업의 수준과 실무 능력 또한 높아졌다.

노동

포르투갈 국민의 성격 특성은 여러모로 노동시장에도 영향을 미친 결과 이 나라 노동자들은 야심이 없고 요구가 많지 않으면서도 충성도가 높고 수완이 비상하다. 전반적으로 노조 결성은 낮은 수준에 머물러 있어 금속, 화학, 조선 같은 전통의 중공업 부문에서조차 노동자와 노동조합 간의 접촉은 아주 적다. 신기하게도 금융 분야의 노조 가입 비율은 유난히 높은데(80% 이상), 그 주된 이유는 민간 의료 혜택을 받을 수 있는 특권이 생기기 때문이다. 노조는 매일 매일의 경영에 거의 간섭하지 않으며 다양한 행정 결정과 관련해 정보권을 행사하는 일도 드물다. 노조의 역할은 단체협약을 감독하고 이들 협약이 적절히 이행되도록 하는 데에 집중되어 있다.

포르투갈에는 CGTP^{Confederação Geral dos Trabalhadores Portugueses}(포르투갈노동자총동맹)와 UGT^{União Geral de Trabalhadores}(노동자총연맹)라는 2개의 전국노동조합총연맹이 있으며 이 두 노총은 정치적으로나 사회적으로 상당히 다르다. 적극적인 활동을 펼치는 CGTP는 주로 생산직 노동자들과 공공서비스 부문을 대변한다. UGT는 민간 사업 부문에 주력해서 서비스 및 관광 부문에 종사하는 사무직 노동자들을 대변한다. 개별 회사들은 이 두 노총에 가입하지 않는 대신에 정부에서 시행하는 법을 참고해 자체적으로 노동 정책과 프로그램을 개발하기도 한다.

기업 구조와 조직

대다수 포르투갈 회사들은 소시에다드 아노니마^{Sociedade Anónima, S.A}(주식회사) 아니면 리미타다^{Limitada, Lda}(유한회사)다. 조직은 일반적으로 피라미드 구조로서 맨 위에 관리자 혹은 경영진이 있고, 그 아래로 부서장과 중간 관리자가 있으며, 맨 밑에 직원들이 있다. 이와 같은 직급 체계는 견고하며 명확하게 정해져 있어서 철저히 따라야 한다. 회사에서는 상대방의 심기를 건드리지 않아야 하므로 가장 단순한 업무라도 완결하기까지 알맞은 경로를 모두 거친 뒤 기다릴 것을 각오해야 한다.

전형적인 근무일은 업종에 따라 다르지만 어디나 오전 8시 30분에서 10시 사이에 시작되며 오후 4시 30분에서 7시 사이에 끝난다. 그러나 알려진 바에 따르면 포르투갈 사람들은 시간을 정확히 지키는 편이 아니기 때문에 외국인이 시간에 딱 맞춰 가더라도 결국 기다리겠거니 마음먹어야 한다! 업무 시간 내내 여러 차례 휴식을 취하는데다 점심시간은 2시간 넘게 걸릴 수도 있다. 포르투갈에서 사업을 할 때는 협상이나 다른 일 처리가 느닷없이 이와 같은 이른바 휴식 시간에 재개될 수 있기 때문에 정신을 바짝 차리고 있어야 한다. 퇴근 시간을 정하는 것은 신중할 필요가 있다. 일찍 가거나 정시에 퇴근하는 것은 반감을 사는 데 반해 가장 늦게까지 남아 있다고 해서 생산성이 높아지는 것도 아니기 때문이다.

최종 기한은 필요한 형식적 절차지만 너무 심각하거나 곧이

곧대로 받아들이지 않아서 지키는 경우가 드물다. 그래서 최종 기한을 잡을 일이 있을 때는 반드시 여유 있게 일을 끝낼 수 있는 날짜로 정해야 한다. 납품일이 확정됐다 하더라도 미리 전화를 걸어 잊어버렸거나 뒤로 미뤄지지 않았는지 확인해야 한다.

계약과 이행

계약서 초안을 작성하고 계약을 맺을 때는 주의해야 한다. 포르투갈의 법체계는 로마 시민법과 나폴레옹 법전에 바탕을 두고 있으며 완비된 현행 법체계가 모든 사안에 적용된다. 따라서 일정 분야는 이미 포르투갈 민법이 다루고 있기 때문에 포르투갈의 계약서는 영국의 관습법에 따라 작성된 것보다 간결하고 단순하다. 그렇지만 점차 외국 기업과 투자가 늘어나면서 포르투갈에서 작성되는 일부 계약서도 앵글로색슨족의 영향을 받아 더욱 광범위해졌다. 관습법에 기초한 미국과 영국의 계약서는 모든 만일의 사태를 다뤄야 하기 때문에 더 길고 정교한 편이다.

포르투갈의 계약서는 부문마다 그리고 회사마다 다르긴 하지만 일반적으로 법적 구속력이 있는 것으로 간주된다. 그러나 신사협정과 악수가 여전히 영향력을 발휘하는 나라에서 사소한 세부 사항들을 다루기 위해 항상 계약서를 수정할 필요는 없다. 포르투갈 사람들은 본디 소송을 좋아하지 않아서 작은 것들을 고쳐야 할 일이 생겨도 상대의 말을 믿어줄 것이다. 그러나 앞서 지적했듯, 계약서에 명기되어 있는데도 최종 기한을 지키지 않을 때가 많으니 지연될 경우 보호받을 수 있는 조항(가령, 위약금이나 계약 파기)을 꼭 넣어야 한다.

의사소통 방식

이메일이라는 간결한 수단이 등장하면서 바뀌는 추세지만 포르투갈식 사업 서신은 문어체에다 장황한 편이다. 처음 대면하는 자리에서 포르투갈 사람들은 존중의 표시로서도 그렇지만 각자의 위계를 알려주기 위해서라도 일정한 격식을 갖추고 딱딱한 분위기를 조성한다. 앞서 말한 대로 위계가 엄격해 사장은 직원들에게 거들먹거리는 편이며 그에 따라 어느 정도 아첨과 칭찬에 익숙하다. 노련하게 대처하면 그러려니 하면서 이해할만한 문화다.

포르투갈에서는 직함이 굉장히 중요하기 때문에 적절히 써주는 게 좋다. 대학의 일반 학위를 딴 사람은 누구나 '박사'라는 직함을 써도 된다. 따라서 직장에서 마리아 실바를 '마리아 실바 박사'로 부를 수 있다. 기술 관련 학위가 있는 사람에게는 그에 맞는 직함을 써준다. 남성 건축가는 '세뇨르 아르키테투, 여성 엔지니어는 '세뇨라 인제네이라, 남성 교수는 '세뇨르 프로페소르' 등으로 부른다. 포르투갈에 젊은 세대가 경영하는 새로운 회사들이 출현하고 수많은 다국적 회사들이 들어오면서 기업 환경에서 격식이 줄긴 했지만 사업 관계에서는 사업 동반자가 스스럼없는[tu](포르투갈어로 '너') 유형(9장 참조)으로 바뀌지 않는 한 더욱 정중한 태도[você](포르투갈어로 '자네, 당신')로 대하는 게 안전하다. 첫 번째 미팅에서 상대가 먼저 요구하거나 그렇게 부르지 않는 한 그 사람을 이름으로 부르지 말라.

【 개인사에 관심을 갖기 】

서로 얼굴을 보고 이야기할 때나 전화로 의견을 나눌 때 먼저 상대방이 두루 편안한지 묻고 그의 사생활에 관심을 보여라.

상대방에 대해 세세한 것들(생일이나 자녀의 나이 등)을 많이 기억하고 있을수록 상대방이 더욱 친근하게 대해줄 것이다. 포르투갈 사람들은 자신의 질환을 아주 자세하게 말하는 것을 좋아하기 때문에 상대의 건강과 관련해 안부를 물으면 확실하게 점수를 딸 수 있다. 또한 자신의 삶이나 가족 또는 나라 이야기를 꺼내 자신의 개인 정보 또한 상대에게 알려주자. 시간을 들여서 같이 일하고 싶은 사람들과 대화를 나누고 서로의 공통점을 찾으면 직업적인 관계뿐만 아니라 사적인 관계도 맺을 수 있다.

프레젠테이션과 협상

포르투갈 사람들은 프레젠테이션을 정규 업무에서 벗어나는 휴식 시간으로 반기면서도 다른 한편으로는 프레젠테이션 때문에 근무 시간이 얼마나 늘어날까 걱정하기 시작한다. 따라서 프레젠테이션을 열면 짧게 요점만 전달하는 게 중요하다. 프레젠테이션을 진행할 때는 잘난 척하지 않으면서 자신감 있고 확신에 찬 태도를 가져라. 업체 사람들의 눈을 똑바로 쳐다

보고 자신이 현재 공개입찰을 통해 협상을 끌어내겠다는 각오로 임해야 한다. 시각 보조 도구가 유용하고 좋은 인상을 줄 수 있지만 프레젠테이션을 불필요하게 늘어지게 할 수 있는 산만한 자료 같은 것들은 피한다.

대체로 포르투갈 기업의 의사결정 과정은 굉장히 중앙집권화되어 있어서 결국 경영진에서 책임진다. 포르투갈의 회사는 위계 구조가 아주 명확하기 때문에 결정권자가 누구인지 쉽게 알 수 있는 편이다. 따라서 자리한 다른 사람들을 무시하지 않는 선에서 결정권자에게 집중적으로 주장을 펼쳐야 한다. 일단 프레젠테이션을 무사히 마치고 나면 기다릴 각오를 해야 한다. 잘못된 결정을 내리고 그 책임을 떠맡게 될까 염려하는 마음이 커서 최종 결정을 내리기까지 다른 모든 방안과 대안을 검토할 것이기 때문이다.

협동 작업

엄격한 위계 구조와 타고난 개인주의 성향을 감안하면 전통적인 포르투갈 회사에서 협동 작업을 크게 기대하기 어렵다. 그러나 역동적인 젊은 전문직 종사자들이 유입되고 외국인의 투자가 늘어남에 따라 업무현장도 진화하면서 더욱 폭넓고 참여적인 작업 방식을 채택해 협동 작업을 보다 허물없이 받아들이고 있다. 변화가 더딘 보수적인 회사에서는 가족과 사회 생활을 중요하게 여겨 직원들이 자연스럽게 팀의 일원이 되도록 하지만 반드시 각 직원의 책임을 명확하게 지정해줘야 한다.

복장 규정

직장의 복장 규정은 업종에 따라 크게 다르다. 금융이나 법조계는 격식을 갖춘 근무복을 입어야 하지만 광고나 통신업계에 근무하는 이들은 좀 더 편안한 복장으로 다닌다. 어떻게 입어야 할지 잘 모를 때는 격식을 갖춰 남자는 양복이나 블레이저에 타이를 매고 여자는 짧은 치마와 가슴이 깊게 파인 옷을 피하는 게 가장 안전하다. 회사의 복장 규정을 확실하게 파악하기 전까지 청바지와 운동화 차림은 삼가는 게 상책이다.

접대

포르투갈 사람들은 서로 어울리고 대접하는 것을 좋아하니까 시간을 내서 식사 자리와 술자리를 가져라. 남의 집에 초대받아서 그 가족들까지 만나는 일이 흔한데 반해 대부분의 사업 접대는 포르투갈에서 제일 좋은 식당에서 열린다. 이와 같은 저녁 접대 자리에서 여러 거래가 성사된다는 점을 명심하라. 편안한 분위기 덕분에 사무적인 관계가 누그러지기 때문에 포르투갈 사람들은 이런 자리를 자신에게 유리하게 이용하는 데 아주 능하다. 계산은 누가 됐든 대접한 쪽에서 맡는다. 이에 따라 포르투갈을 방문한 외국인은 손님으로 간주되지만 두 번째 방문한다면 앞서 받은 대접에 보답해야 한다.

일하는 여성

특히 기회 균등이라는 측면에서는 여성의 사회 진출이 크게 늘면서 회사나 정계에서 고위직에 오르는 여성들이 점점 많아지고 있다. 하지만 선반직으로 소식의 상위에 부는 변화의 바람이 하위까지 미치지 않으며 여전히 남성이 주도권을 갖고 있다는 점에는 이견이 없다. 이런 정서를 뒷받침하는 증거로서 2022년에 약 11퍼센트에 달할 정도로 남녀 간 임금 격차는 요지부동이다. 따라서 여성이 중역이 되기 위해서는 훨씬 더 많은 노력을 들여야 한다. 법조계나 금융계 또는 서비스업계 같은 특정 분야에서 상황이 많이 나아졌다고는 하나 여성이 남성 동료보다 승진이 늦는 게 일반적이다. 더구나 여성이 아이를 가지면 경력에 큰 지장이 생기는 게 보통인데다 이와 관련해서 포르투갈이 다른 유럽 나라들에 비해 크게 뒤쳐져 있다. 유급 육아휴직은 5개월밖에 안 되고 직장 내 보육시설은 사실상 전무한 상태라서 일하는 엄마로서 직장 생활을 이어가게 할 장려책이 거의 없는 실정이다. 그러나 과거에는 시간제 근무와 재택근무 형태가 보기 드물었지만 코로나 19가 전 세계를 휩쓸면서 일터에도 변화의 바람이 불었다. 이제는 많은 여성들이 경력 단절을 겪지 않고도 가정에서 어린 자녀들을 보살필 수 있을 정도로 과거보다 한층 일과 삶의 균형을 맞출 수 있게 되었다.

09

의사소통

포르투갈 사람들은 표현력이 풍부해서 마주보며 소통하는 데 아주 능하다. 이들의 손과 몸은 마치 말하고 있는 내용을 몸으로 표현하려는 것처럼 쉴 새 없이 움직인다. 말할 때 항상 눈썹과 코와 입이 움직이고 있는 것 같다. 낯선 이들과 있거나 익숙하지 않은 상황에 놓이면 굉장히 조심스러워하는 편이지만 일단 편해지면 대화와 웃음소리가 소란스러워지고 활기가 넘친다.

포르투갈어

대략 2억 6,000만 명이 사용하는 포르투갈어는 전 세계 7개 국에서 공용어로 쓰고 있는 언어다. 이들 7개국은 포르투갈, 브라질, 앙골라, 모잠비크, 기니비사우, 상투메프린시페, 그리고 카보베르데다. 또한 마카오와 동티모르 그리고 고아 같은 옛 식민지에서도 여전히 포르투갈어가 널리 쓰이고 있다.

포르투갈어는 라틴어와 갈리시아어에서 발원했고 게르만어와 아랍어 방언의 영향을 받았다. 르네상스 시대에 그리스어가 유입되면서 포르투갈의 어휘와 문법 구조가 더욱 풍성해졌다. 15세기에 대항해 시대가 열리며 포르투갈 사람들이 프랑스어와 영어를 접한 결과 이들 언어 또한 근대 포르투갈어에 영향을 끼쳤다.

유럽 포르투갈어는 배우기 어려운 언어다. 빠른데다 목구멍에서 내는 소리 때문인지 신기하게도 러시아어나 폴란드어 같은 슬라브어와 종종 혼동되곤 한다. 포르투갈 사람들은 빠르게 말하며 간결함을 살리기 위해 모음은 물론이고 전체 음절을 '먹어버리거나' 쳐낸다. 또한 속어와 통속적인 표현이 다채롭다 보니 이해하기가 훨씬 더 어렵다. 그러나 북부보다 남부까지 말씨가 다 다르다 하더라도 지역마다 사투리가 제각각이라서 같은 스페인어라도 알아들을 수 없는 스페인보다는 상황이 나은 편이다. 포르투갈어가 지역에 따라서 가장 크게 차이가 나는 것은 발음과 통속적인 표현이다. 북부지역에서 'v'는 'b'로 발음되고 'b'는 'v'로 발음된다. 마데이라와 아조레스 제도의 말씨는 본토와 완전히 다르지만 1년 내내 관광객이 꾸준히 찾아오는 덕분에 많은 현지인들이 기초 영어를 구사한다.

해외에 있는 대다수 어학원들은 말하고 이해하기가 좀 더 쉬워서 그런지 유럽 포르투갈어가 아닌 브라질 포르투갈어를 가르친다. 실제로 브라질 포르투갈어를 유럽 포르투갈어와 같은 언어라고 보기 어렵다. 브라질 포르투갈어의 특징은 훨씬 더 천천히 말하고, 모든 글자와 음절을 발음하며, 유럽 포르투갈어처럼 외치듯 하는 게 아니라 노래하듯 소리 낸다는 데 있다. 이 둘의 차이는 유럽 프랑스어와 퀘벡 프랑스어에 비유할 수 있다. 브라질 음악과 TV 쇼를 열렬히 접하는 덕분에 사실상 모든 포르투갈 사람들이 브라질 포르투갈어를 이해하고 잘 따라한다. 이에 반해 대다수 브라질 사람들은 유럽판 모국어를 굉장히 어려워한다.

그럭저럭 소통하기

인기 있는 관광지에서는 비록 기초적인 수준이긴 하지만 대다수 현지인이 영어를 하며 섬 지역들과 알가르브 지역에서는 많은 이들이 프랑스어와 독일어도 구사한다. 1990년대까지 학교에서 프랑스어를 제2언어로 가르쳤지만 이후 영어의 중요성이 더 커졌다. 요즘 북아메리카의 대중문화가 유입되면서 젊은 세대의 영어 구사력이 높아졌다. 많은 이들이 해외 유학을 가는데다 포르투갈에 문을 여는 다국적 기업들이 점차 늘어나면서 이러한 추세는 지속될 전망이다. 그럼에도 포르투갈어를 구사하려는 노력은 높이 평가받을 일이므로 그 과정에서 있을지모를 그 어떤 웃음과 놀림도 모욕감을 주려는 게 아님을 분명히 알아둘 필요가 있다. 사실상 친분을 쌓는 좋은 기회인 셈이다.

포르투갈어의 모든 명사는 남성형 아니면 여성형이고 형용사도 남성형과 여성형으로 나뉘며 여성형은 'a'로 끝나고 남성형은 'o'로 끝난다. 가령 '꽃'을 뜻하는 여성 명사 '플로르flor'를 묘사할 때는 '보니타bonita(예쁜)'를 쓸 수 있는 데 반해 남성 명사 '지크딩jardim(정원)'을 별명할 때는 '보니투bonito'를 쓴다.

호칭법

포르투갈 사람들은 처음 만나면 쌀쌀맞고 시큰둥하게 보일 수 있지만 일단 어느 정도 신뢰가 쌓이면 경계심을 풀고 기꺼이 친근하게 대해준다. 포르투갈의 호칭법에는 세 단계의 격식이 있으며 그 사람과 어떤 관계인지에 따라 격식에 맞는 호칭을 사용한다.

프랑스어와 스페인어처럼 포르투갈어에도 두 가지 형태의 2인칭 단수형이 있다. ('투'로 발음되는) 'Tu'는 동년배나 친밀한 사이에서 쓰는 일상어다. ('보시'로 발음되는) 격식어 'você'는 프랑스어의 '부vous'나 스페인어의 '우스테드usted'와 같이 연장자나 굉장히 사무적인 관계에서 쓴다. 가장 격식을 차려야 하는 상황에서는 사람들을 '보시'로 칭하지 말라. 대신 남자 지인에게는 ('세뇨르 루이스' 혹은 '세뇨르 실바'처럼) 성이나 이름 앞에 영어 'sir'에 해당하는 '세뇨르Senhor'를 붙여서 불러라. 여자에게는 '미냐 세뇨라minha senhora(영어 'madam')'로 부르고 통성명을 한 다음에는 이름에 '도나Dona'를 붙여서 부른다(가령 '도나 마리아'). 포르투갈어에서 'nh'는 '니ni'라고 소리 나니까 'senhor'나 'senhora'는 '세뇨르'나 '세뇨라'로 발음한다. 아니면 이름 앞에

(엔지니어나 닥터나 아키텍트) 같은 직함이 있는 이들이라면 해당 직함으로 불러라.

'투'라는 인칭을 쓰고 이름으로 부르는 것은 일정 수준의 친근감이 형성됐을 때만 가능하므로 대화 상대가 하는 대로 따라하다가 그들이 먼저 비격식체를 쓰면 그때 바꾸는 게 최선이다. 상대방이 나이가 아주 많을 때는 그 사람이 젊은 사람들에게 '투'라고 하더라도 젊은 사람들은 그 사람에게 '보시'나 '세뇨르/세뇨라'라를 붙여서 불러줘야 한다.

전화를 받을 때 포르투갈 사람들은 '싱sim(네)'이나 '이스토estou(저예요)'라고 말한다. 또한 작별인사를 하고 나서 전화를 끊기 전에 종종 '콩 리센사com licença(실례했습니다)'라고 말한다.

마주보고 대화하기

포르투갈 사람들은 표정이 풍부해 마주보고 소통하는 데 아주 뛰어나다. 사람들은 자신이 하는 말을 강조하기 위해 몸짓을 많이 활용한다. 그렇다보니 손과 몸이 쉴 새 없이 움직이며 눈썹기 코에 입까지 모두 동원된다. 낯선 이든가 있거나 이수

하지 않은 상황에 놓이면 굉장히 조심스러워하는 편이지만 일단 편해지면 대화와 웃음소리가 소란스러워지고 활기가 넘친다.

포르투갈 사람들은 스킨십을 굉장히 좋아한다. 이들은 이야기를 나눌 때 상대방에게 바싹 다가서 있기 때문에 말하면서 자연스럽게 상대방의 신체를 접촉한다. 남자끼리 인사를 나누거나 헤어질 때도 보통 여러 번 꽉 껴안고 등을 두드리며 여자는 서로의 팔과 손을 꼭 그러잡는 편이다.

눈을 마주치지 않으면 의심을 살 게 확실하므로 대화를 나눌 때는 반드시 상대의 눈을 쳐다보고 악수할 때도 손을 꽉 잡아야 한다.

사람들로 붐비는 곳에서 누군가 여러분을 간신히 지나가려고 할 때 그 사람이 '콩 리센사(실례합니다)'라고 말하면서 여러분의 허리나 팔을 잡고 물리적으로 옆으로 밀더라도 놀라거나 화내지 말라. 질서 있게 줄을 서는 일이 거의 없고 앞사람 뒤에 아주 바싹 붙어 서서 자리를 차지하려고 거칠게 다투는 편이다. 코로나 19가 한창 창궐할 때 거리두기에 관심이 높아졌지만 오래된 습관은 좀처럼 사라지지 않는다.

일반적으로 여성들이 있는 자리에서는 비속어를 삼가는 것이 좋다. 설령 친밀한 관계로 발전한 사이라도 말이다.

· 전형적인 몸짓 ·

지금쯤 파악했겠지만 포르투갈 사람들은 말할 때 얼굴 표정과 몸짓 언어를 즐겨 쓴다. 실제로 대화하는 도중에 자리에서 일어나서 이리저리 움직이는 이들도 꽤 흔하다. 이런 모습들이야말로 포르투갈 사람들에게 의사소통이 얼마나 중요한지를 보여주는 증거라고 할 수 있다. 생생하고 실감나게 말할수록 더 잘 전달되기 때문이다. 여행객이라면 꼭 알아두어야 할 포르투갈 사람들의 몇 가지 몸짓 언어는 다음과 같다.

- "가자": 오른손으로 왼손 등을 두드린다.
- 무언가를 공모할 때: 양쪽 검지를 나란히 대고 비빈다.
- 터무니없는 이야기를 들은 것 같으면 검지로 아래 눈꺼풀을 끌어내려 눈알의 아랫부분을 드러낸다.
- 믿기 어려운 이야기를 하면서 누군가에게 그게 거짓말이라고 알리고 싶을 때: 속임을 당하는 피해자가 보지 않을 때 상대방에게 윙크를 한다.
- '끝내': 목을 자르는 시늉을 한다.
- 감사를 표하거나 긍정의 의미를 전할 때: 양 엄지를 치켜든다.
- 남자를 모욕할 때는 그 사람의 아내가 바람을 피운다는 뜻으로 검지와 새끼손가락을 치켜 올려라. 하지만 이런 손 모양을 할 때는 위험을 각오해야 한다!

유머

포르투갈 사람들은 신나게 웃는 것을 좋아하고 재미라는 명목으로 타인과 자신을 기꺼이 조롱한다. 이들은 오락거리로 지적이고 풍자적인 유머보다 익살스러운 연극이나 우스꽝스럽다 못해 굴욕적이기까지 한 상황을 그리는 시트콤을 더 좋아한다. 유머를 의도한 이들의 문학작품과 파두 가사는 종종 어둡고 자조적이기 십상이다.

포르투갈 사람들은 유머 감각이 뛰어나고 무안하지 않은 선에서 놀림에 맞장구를 잘 쳐주는 반면에 가족, 그중에서도 특히 여성들은 절대 유머의 대상으로 삼지 않는다. 다른 지역 사람들보다 느리고 게으르다는 고정관념에 박혀 있는 알렌테주 출신들을 타지방 사람들이 놀려먹을 때가 많다.

TV, 라디오, 신문과 잡지

포르투갈에는 네 곳의 전국 단위 텔레비전 방송국이 있는데, 그중 두 곳은 공영방송(RTP1과 RTP2)이고 나머지 두 곳은 민영

방송(SIC과 TVI)이다. 민영방송 채널에서는 가장 선정적인 프로그램이 방영되기 때문에 시청률도 가장 높다. 모든 채널에서 세계 여러 나라의 쇼 프로와 시리즈물에 자막을 넣어 원어 그대로 방송한다. 위성과 케이블 TV 또한 폭넓게 접할 수 있는데, 여기서는 폭스, MTV, BBC World, CNN, 유로뉴스, 유로스포츠, 그리고 디즈니 같은 인기 있는 국내외 방송 채널을 50개 넘게 볼 수 있다. 또한 많은 이들이 넷플릭스나 에이치비오^{HBO} 또는 아마존 같은 인기 있는 디지털 스트리밍 서비스를 정기적으로 이용하고 있다.

라디오는 운전할 때 많이 듣는데 그중에서도 포르투갈 사회와 정치를 풍자하는 아침 코미디 방송이 가장 인기가 높다. 집에서는 역시 텔레비전을 많이 본다. 가장 인기 있는 텔레비전 프로그램은 연속극과 오디션 프로그램부터 축구 방송과 뉴스에 이르기까지 다양하다. 인기 채널인 SIC와 TVI가 리얼리티 쇼와 오디션 프로그램이나 연속극 등을 내세워 치열하게 시청률 경쟁을 벌인다.

거의 모든 곳에서 접할 수 있는 주요 국제 신문 외에도 많은 지역 신문과 잡지들이 있다. 그중에서도 리스본에서 발행되는 보수 성향의 《디아리우 노티시아스^{Diário Notícias}》, 포르투에서 발행되는 보수 신문 〈조르날 드 노티시아스Journal de Notícias〉, 진보지 〈푸블리쿠Público〉 같은 주요 일간지와 경제와 금융 위주의 〈세마나리우 에코노미쿠Semanário Económico〉와 〈이스프레수Expresso〉 같은 대표 주간지를 가장 많이 본다. 2개의 주요 스포츠 전문지 〈헤코르드Record〉와 〈아 볼라A Bola〉 또한 많은 독자를 보유하고 있다. 대중 잡지는 사교계와 가십을 다루는 간행물부터 패션 잡지와 여행 잡지까지 다양하다. 포르투갈 사람들이 예의범절과 생활양식 면에서는 약간 보수적일 정도로 절제력을 키우려고 애쓰는 점을 고려하면 대중매체에서 성과 폭력을 수위

높게 묘사하는 행태 또한 모순적이다.

　중도 우파 성향의 〈옵세르바도르Observador〉를 포함해 여러 인기 있는 온라인 뉴스 및 사사 매체들이 있다. 영어 사용자들에게 가장 인기 있는 사이트는 〈더 포르투갈 뉴스The Portugal News〉와 〈포르투갈

레지던트^{Portugal Resident}〉이다.

인터넷과 소셜 미디어

포르투갈 사람들은 전자 기기를 좋아하고 신기술을 아주 열성적으로 익힌다. 아이들에게 학교는 물론 가정에서도 컴퓨터를 사용하도록 권장하고 가르친다. 대부분의 카페와 식당에서 무료 와이파이를 제공한다. 열렬한 인터넷 이용자들인 포르투갈 사람들은 2022년에 하루 평균 7시간 56분 동안 온라인을 이용했다. 인터넷을 이용하는 이유를 물었을 때 응답자의 70퍼센트 이상이 친구나 가족과 연락하기 위해서라고 답했다. 그러니 2022년에 인구의 83퍼센트가량이 모종의 소셜 미디어 계정을 갖고 있는 게 당연하다 싶다. 데이터리포털^{DataReportal}에 따르면 이는 전년보다 거의 10퍼센트나 증가한 수치라고 한다. 16~64세 이용자들 사이에서 가장 인기가 있는 소셜 미디어 플랫폼은 페이스북, 인스타그램, 링크드인, 핀터레스트 등이고 틱톡과 스냅챗과 레딧이 그 뒤를 따른다. 이용자들은 하루에 평균 2.5시간을 소셜 미디어에 쓴다. 소셜 미디어 이용자들의 약 65퍼센트가 주로 뉴스 및 시사를 따라잡기 위해 인터넷을 이용한다고 말했다. 세상사에 밝고 매사 의심이 많아서 그런지 인터넷을 이용하는 포르투갈 사람들의 76퍼센트가량이 진짜 온라인 뉴스와 가짜 뉴스를 구별해야 하는 현실에 우려를 표했다.

휴대전화와 심 카드

최첨단 기술과 서비스를 갖춘 포르투갈의 이동통신은 최고 수준을 자랑한다. 대표적인 세 곳의 이동통신사가 인터넷과 케이블 티브이와 모바일 서비스가 결합된 적당한 가격대의 상품을 판매하고 있다. 이들 통신사는 각각 MEO, NOS, Vodafone이다.

포르투갈의 국가 번호는 351이며 모든 국내 전화번호는 대개 2나 9로 시작되는 아홉 자리다. 요금은 통신사마다 다르지만 비슷한 수준이며 적당한 가격대이다. 유럽연합 이외의 국가에서 온 여행객들은 로밍 요금이 엄청나게 많이 나오기 때문에 며칠 이상 체류할 계획이라면 도착하자마자 심 카드 구입을 고려해야 한다. 리스본 공항에서도 보다폰 심 카드를 구매할 수 있지만 선택의 폭이 좁다. 리스본 시내로 들어오면 좀 더 많은 심 카드 패키지뿐만 아니라 다양한 데이터 전용 상품 또한 구매할 수 있다. 포르투갈에 도착하기 전에 휴대전화의 잠금이 해제됐는지 반드시 확인하길 바란다.

포르투갈 본토의 모든 인구 밀집 지역에서 4G 서비스를 이용할 수 있다. 5G 서비스는 지루한 주파수 경매 과정을 거친 뒤 2021년에 시작돼 2023년 현재도 시행 중이다.

포르투갈에 장기간 체류한다면 정부 서비스용 등록부터 치과 예약에 이르는 각종 일 처리 때문에라도 결국 현지 친화번호가 필요하게 될 것이다.

우편 제도

포르투갈의 우편 서비스는 최신식이며 믿음직스럽다. 빨간 바탕에 흰색으로 'CTT'라고 쓰여 있는 포르투갈의 우체국은 보통 주중에는 오전 8시 30분에 문을 열어 오후 6시에 업무를 종료한다. 주말에도 여는 곳이 있으나 영업 시간은 지점에 따라 바뀔 수 있다. 우체통은 도시 전역에서 쉽게 볼 수 있는데 일반 우편은 빨간 우체통에, 빠른우편은 파란 우체통에 넣어

포르투갈의 우편함. 빨간색은 일반 우편용이고
파란색은 빠른 우편용

야 한다. 우표는 우체국 창구나 자동 우표 판매기에서 구입할 수 있으며 여러 신문 가판대나 서점에서도 구입이 가능하다. 우체국에서는 공과금 납부부터 주차위반 딱지 처리까지 거의 모든 일을 볼 수 있기 때문에 기다리는 줄이 꽤 길기 마련이다. 따라서 우표는 다른 여러 곳에서도 구

입할 수 있고, 현금자동입출금기도 곳곳에 설치되어 있으며, 인터넷상에서도 다양한 방식으로 과금을 납부할 수 있으므로 동네 우체국에서 길게 줄을 서기보다는 다른 방법을 선택하는 게 낫다.

결론

지금까지 읽으면서 알아차렸겠지만, 포르투갈 사람들은 그들이 처한 환경만큼이나 모순적이고 혼동을 준다. 전통적인 가치와 원칙을 변함없이 따르는 기성세대와 변화를 갈망하는 젊은 층이 함께 조화를 이루며 살아간다. 도달할 수 없는 것들을 곱씹고 과거를 그리워하며 애수에 젖는 이들이 있는가 하면, 또 어떤 이들은 희망을 안고 미래를 바라보며 가정에서나 세상에서 존재감을 드러내기 위해 함께 노력한다. 역사적으로 대담하고 용맹했던 민족인 포르투갈 사람들은 현대화와 자기계발을 위해 꾸준히 노력한다.

포르투갈 사람들의 사회생활에서 가장 중요한 부분은 가족이기 때문에 외국인에게 이들의 첫인상은 의심이 많고 심지어 불친절하게 보일 수 있다. 이 책은 이런 포르투갈 사람들과 어우러져 이들의 과묵함을 누그러뜨려서 푸근하고 흥을 즐기는 본성을 드러나게 하는 법을 조언하고자 한다.

포르투갈 사람들과 함께 밥을 먹거나 그들의 경사에 참여해보자. 그러면 이들이 편안한 마음으로 가장 단순한 것에서 기쁨을 발견하는 법을 가르쳐줄 것이다. 이 나라 사람들이 살아가는 도시와 해변 마을과 시골을 둘러보자. 그러면 겹겹이 쌓인 매혹적이고 풍성한 역사를 만나게 될 것이다. 포르투갈 사람들은 여러분의 진심 어린 마음가짐을 알아차리자마자 여러분을 보호해주고 끈끈하고 오래 지속되는 우정을 선사할 것이다.

유용한 앱

【 여행 및 교통 수단 】

차량 호출은 **우버**(Uber)나 **볼트**(Bolt) 또는 **프리나우**(FreeNow).

전동 킥보드 대여는 **볼트**, **라임**(Lime), **버드**(Bird), 또는 우버의 **점프**(Jump).

여행 계획을 짜고 대중교통 시간표를 참조할 때는 **Moovit**.

길을 찾을 때는 **Waze**나 **구글 지도**.

기차표를 구매할 때는 **CP**(Comboios de Portugal).

주차비 결제는 **ePark**(리스본)와 **TelPark**(포르투).

리스본의 버스 노선은 **Carris**.

장기 임대할 숙박 시설을 찾을 때는 **Imovirtual**.

단기 숙박 시설을 찾을 때는 **Booking**, **eDreams**, **Airbnb**.

【 음식과 쇼핑 및 오락 】

배달 음식은 **Bolt Food**, **UberEats**, **Glovo**, **Comer em Casa**.

식료품 주문 배달은 **Auchan**(포르투갈 가입자 등록 번호가 없는 사람은 여권 번호로 이용할 수 있다), **Intermarche**, 그리고 알가르브에 있다면 **Apolónia**. 유기농 제품을 원하면 본토 전역에 배달하는 **Mercearia Bio**를 이용한다.

포르투갈에서 신제품과 중고품을 취급하는 가장 인기 있는 온라인 장터는 **OLX**이다. 이곳에서 거래되는 대부분의 물건들은 합법적인 상품이다. 현지인들은 또한 애장품을 사고팔 때 **Vinted**를 이용한다.

Time Out Lisbon과 **Time Out Porto**에 올라오는 것들을 참조하라. **Lisboa Cool**을 이용해 여행 일정을 짜고 아이디어를 얻을 수 있다.

서퍼들은 **Magic Seeweed Surf Forcast** 앱에서 날씨 및 파도 상태를 확인할 수 있다.

【 의사소통 및 미디어 】

Duolingo나 **Babbel**에서 포르투갈어를 공부하자.
The Portugal News에서 시사를 챙겨보자.
포르투갈 사람들은 소셜 미디어라면 **페이스북, 트위터, 인스트그램, 틱톡, 스냅챗** 등 가리지 않고 즐겨 이용하는 편이다.

유용한 웹사이트

www.moving-on.co
포르투갈로 이주하는 외국인들에게 실용적인 정보 제공

www.visitportugal.com
포르투갈의 공식 관광 웹사이트

www.portugalglobal.pt
관광 및 무역에 관한 전반적인 정보

www.getgoldenvisa.com/moving-to-portugal-the-definitive-guide
포르투갈 이주를 고려하는 이들을 위한 정보

www.portugal-live.net
온라인 휴일 안내서

www.portugalvisitor.com
관광객이 이용할 만한 자원 및 서비스와 도시 안내

www.portugalvirtual.pt
사업과 오락에 관련된 자세한 정보

www.portugalinbusiness.pt
포르투갈 무역을 해외에 홍보

www.farmaciasdeservico.net
24시간 영업하는 약국의 위치 공유

www.cp.pt
포르투갈 철도청 사이트로 기차표를 예매하고 시간표 확인

www.carris.pt
리스본 대중교통

www.stcp/en/travel
포르투 대중교통

참 고 문 헌

Carreira, Leandro. *Portugal, The Cookbook*. New York: Phaidon, 2022.

Cave, James. *Moving to Portugal Made Simple*. Edinburgh: Marchmont Publishing, 2021.

Crowley, Roger. *Conquerors: How Portugal Forged the First Global Empire*. New York: Random House, 2015.

Disney, A.R. *A History of Portugal and the Portuguese Empire*. Cambridge: Cambridge University Press, 2009.

Hatton, Barry. *The Portuguese: A Revealing Portrait of an Inconspicuous and Fascinating Country*. Clube do Autor, 2012.

Hatton, Barry. *Queen of the Sea: A History of Lisbon*. London: Hurst, 2018.

Page, Martin. *The First Global Village: How Portugal Changed the World*. Alfragide: Casa das Letras, 2012.

Pessoa, Fernando. *The Book of Disquiet*. London: Penguin Classics, 2022.

Saramago, Jose. *Journey to Portugal*. London: Vintage. 2002.

Taborda, J and Bryson, L. *Lisbon Like a Local: By the People Who Call It Home*. New York: DK Eyewitness, 2022.

Woolf, Simon J., and Opaz, Ryan. *Foot Trodden: Portugal and the Wines that Time Forgot*. Massachusetts: Interlink, 2021.

Zenith, Richard. *Pessoa: A Biography*. New York: Liveright, 2021.

지은이

샌디 핀토 바스토

샌디 핀토 바스토는 리스본 태생으로 일찍이 해외 생활을 시작해 유럽과 캐나다 등지에서 터를 잡고 학업을 마쳤다. 캐나다 몬트리올의 맥길대학교에서 언론정보학을 전공한 지은이는 두 문화에서 자란 경험을 바탕으로 번역가와 작가 및 편집자로 일하고 있다. 또한 2014년부터 리스본과 포르투의 전문 이주 상담자로 일하며 포르투갈에 정착하려는 외국인들이 새로운 문화 환경에 적응하도록 돕고 있다. 현재는 시간을 쪼개 리스본과 카스카이스를 오가며 가족과 지내고 있다.

옮긴이

이정아

숭실대학교 영어영문학과를 졸업하고, 동대학원에서 영어영문학과 석사 과정을 마쳤다. 현재 번역 에이전시 엔터스코리아에서 출판기획자 및 전문번역가로 활동 중이다. 옮긴 책으로는 『서양 철학 산책』, 『촘스키의 아나키즘』, 『소크라테스와 유대인』, 『굿바이화』, 『중세, 하늘을 디자인하다』 등 다수가 있다.

세계 문화 여행 시리즈

세계의 풍습과 문화가 궁금한
이들을 위한 **필수** 안내서

『세계 문화 여행_포르투갈』은 포르투갈의 사회와 문화 속으로 당신을 안내해줄 유용한 가이드북이다. 사업 때문에 포르투갈을 방문하든 단순한 여행이든, 이 책은 당신이 포르투갈에서 더욱 풍성하고 기억에 남는 시간을 보낼 수 있도록 도와줄 것이다. 이 책에는 다음과 같은 내용이 담겨 있다.

- 포르투갈 현지 풍습과 전통
- 역사와 종교, 정치가 미친 영향
- 포르투갈의 가정생활, 직장생활 그리고 여가
- 포르투갈식으로 먹고 마시기
- 포르투갈에서 해야 할 일, 하지 말아야 할 일, 금기시되는 일들
- 사업 관행
- 의사소통

이 밖에도 예상치 못한 상황에 대처하도록
도와줄 실용적인 팁이 가득하다.

값 13,000원

9 791168 622272   04900

ISBN 979-11-6862-227-2
ISBN 978-89-8445-911-3(세트)

• 시그마북스는 ㈜시그마프레스의 단행본 브랜드입니다.